I0766009

Cómo hablar con cualquiera

Lo que no le enseñaron sobre la charla trivial, las habilidades sociales y cómo hablar con cualquiera sobre cualquier cosa

Tabla de Contenidos

Introducción

¿Le cuesta comunicarse con los demás? ¿Se pone nervioso o se asusta cada vez que tiene que iniciar una conversación con una persona nueva? ¿Desea mejorar sus habilidades comunicativas, pero no sabe por dónde empezar? Si es así, ¡no se preocupe! ¡Este libro es su arma secreta!

Comunicarse con los demás es crucial para la supervivencia y es la base para establecer y mantener relaciones. Con las habilidades comunicativas adecuadas, incluso un encuentro casual con un desconocido puede florecer en algo más significativo. Si no se le da muy bien, no se preocupe; todo el mundo tiene espacio para crecer. Puede tener un control total sobre la situación.

Puede que se pregunte: *¿Cómo lo hacen algunas personas?* ¿Cómo pueden comunicarse con la gente sin sentirse preocupados o ansiosos? ¿Y si usted pudiera hacer lo mismo? Todo lo que hace falta es un poco de dedicación y trabajo por su parte.

Este libro le enseña todo lo que necesita saber para conectar con la gente. Le servirá de guía paso a paso para superar este obstáculo, enseñándole el arte de mantener relaciones sólidas con los demás.

El primer paso es cambiar su mentalidad de forma más positiva. El pensamiento negativo le impide progresar y avanzar. Desarrollar su capacidad de comunicación es más fácil si reconoce y supera las ideas negativas vinculadas a los encuentros sociales. Las personas pueden establecer sin saberlo una serie de comportamientos indeseables que a menudo impiden sus conexiones sociales. Estas tendencias deben evitarse, ya sea el deseo de corregir continuamente, desviarse del tema o hablar por encima de los demás. Identificar estos comportamientos poco saludables es sencillo; aprenderá a romper esos hábitos poco útiles y a construir otros mejores con algo de trabajo intencionado y paciencia. En última instancia, sus relaciones con otras personas mejorarán.

La comunicación es algo más que las palabras que dice. Sus señales no verbales son igual de importantes. Mejorar su lenguaje corporal tras darse cuenta de su importancia hace que iniciar una conversación con un desconocido resulte menos incómodo. Este libro ofrece una amplia gama de estrategias para entablar conversaciones con desconocidos. Si le cuesta iniciar una conversación o entablar pequeñas charlas, ¡podrá mejorarlo rápidamente! Además, aprenderá la necesidad de ser un *oyente activo*, lo que abrirá la puerta a conversaciones y conexiones significativas.

No se puede tener una relación productiva si no se puede comunicar. Una buena relación se construye sobre una comunicación abierta y sincera.

Este libro incluye etapas sencillas, desde charlar con un desconocido hasta desarrollar una amistad duradera. Le ayudará a desarrollar y mantener relaciones significativas y duraderas. Siga nuestros consejos prácticos para mantener conversaciones constructivas y evitar conexiones perjudiciales: su vida social tomará un nuevo rumbo.

¿Le interesa saber más sobre la buena comunicación? ¿Quiere desarrollar sus habilidades verbales e interpersonales? ¿Quiere conocer la clave para entablar una conversación con cualquiera?

No hay mejor momento para aprender sobre la comunicación excelente, desarrollar sus habilidades verbales e interpersonales y descubrir las claves para entablar conversaciones con cualquiera. Usted no está solo y tiene la capacidad de lograr sus objetivos.

Este libro le guiará paso a paso hasta que haya aprendido todo sobre la comunicación con cualquier persona. ¿Está ansioso por conocer y conversar con gente nueva? Si es así, continúe leyendo.

Capítulo 1: Charla trivial; la habilidad social más importante

Tanto si está creando una red de contactos, hablando con un cliente potencial a largo plazo o buscando hacer un nuevo mejor amigo, la charla trivial es una habilidad esencial que debe dominar. Aunque muchos creen que es una habilidad con la que se nace, lo cierto es que es una habilidad que se puede aprender. Puede ser una experiencia angustiosa, pero con los consejos y trucos adecuados, la superará como un profesional.

Aprender a entablar una conversación trivial es una habilidad importante para romper el hielo

¿Qué es la charla trivial?

En su ensayo "*El problema del significado en las lenguas primitivas*", Bronisław Malinowski acuñó el término "comunicación fática" para describir la charla trivial. La capacidad de mantener este tipo de conversación es una habilidad social, a menudo utilizada para establecer una buena relación o caer bien a otra persona antes de pasar a asuntos más sustanciales. Algunos diccionarios definen la charla trivial como una conversación breve y normalmente sin sentido. Sin embargo, otras definiciones le dan más peso. Mientras que algunos consideran la charla trivial una actividad poco esencial que llena silencios y evita la incomodidad, otros la consideran una estrategia necesaria para relacionarse con la gente. Piense en la charla trivial como una especie de "comportamiento de entrada" que le lleva más allá de los silencios incómodos o la incomodidad. Es una forma de que la gente se sienta cómoda con los demás y más a gusto en una conversación. Puede ver la charla trivial en acción en todas partes, desde en el ascensor hasta en la cola de la caja del supermercado.

La importancia de la charla trivial

Silicon Valley es el hogar de algunas de las mentes más innovadoras del mundo. También es un lugar en el que la gente suele estar muy familiarizada con la tecnología y centrada en su carrera profesional, pero ¿qué relevancia tiene esto para la charla trivial? En Silicon Valley, la innovación es el resultado de una compleja red de interacciones sociales. El nuevo campus de Google está diseñado para fomentar los encuentros fortuitos entre sus empleados con el fin de promover estas interacciones. El gigante de las redes sociales, Facebook, ha construido una sala de un kilómetro de largo para albergar a varios miles de empleados. Sus planes de innovación en arquitectura incluyen la creación de amplias zonas al aire libre intercaladas entre las plantas, que esperan que atraigan a los trabajadores a los espacios públicos y fomenten la mezcla entre personas de distintas profesiones. Los nuevos espacios fomentan las conversaciones triviales, que son un catalizador de la innovación.

Una investigación de la *Harvard Business School* demuestra que las conversaciones fortuitas con los compañeros mejoran la creatividad y el rendimiento en el trabajo. La gente dice que mantener una pequeña charla les hace sentirse llenos de energía y como si su presencia fuera reconocida.

La charla trivial también tiene beneficios fuera de la oficina. La psicóloga Elizabeth Dunn descubrió que las interacciones sociales breves y aparentemente intrascendentes con un camarero y otros clientes -como una pequeña charla sobre el tiempo o el intercambio de nombres- pueden generar sentimientos de pertenencia y aumentar la felicidad. Se creaban sentimientos más felices con solo sonreír, establecer contacto visual y hablar brevemente con el camarero mientras se pedía un café.

La charla trivial es una herramienta poderosa para crear conexiones entre las personas, generando la sensación de ser conocido y estar conectado con los demás, lo que, a su vez, aumenta la felicidad.

He aquí varios beneficios de hablar poco:

- Mejora la capacidad de comunicación
- Desarrolla la confianza en uno mismo
- Ayuda a conocer conexiones potenciales
- Le da nuevas ideas para temas de conversación
- Le ayuda a pasar el tiempo de forma más eficaz
- Le obliga a hablar en situaciones públicas
- Le ayuda a conocer a otras personas
- Le permite encontrar puntos en común con los demás
- Le da un sentido de pertenencia y de comunidad

Propósitos de la charla trivial

Aunque parezca trivial, la charla trivial cumple numerosas funciones interpersonales, desde establecer una buena relación hasta negociar su lugar en la jerarquía social. Puede ayudarle a usted (y a los que le rodean) a establecer la naturaleza de sus relaciones, incluidas las nuevas o las que están cambiando.

Abridor de conversaciones

Cuando dos personas desconocidas se encuentran, suelen entablar una conversación trivial, lo que indica que son amistosas y que desean una interacción positiva.

En una reunión de negocios, ayuda a las personas a conocer los puntos fuertes y la experiencia de la otra. Supongamos que dos personas ya se conocen. En ese caso, su pequeña charla sirve de introducción a los temas más serios que vienen a continuación.

Terminar la conversación

Terminar bruscamente una conversación puede dar la impresión de que usted no valora los pensamientos de la otra persona. Utilizar la charla trivial ayuda a suavizar cualquier rechazo, a expresar que aprecia su relación con alguien y a mantener la puerta abierta para futuros contactos.

Rellenar espacio

La charla trivial puede ser una forma estupenda de llenar silencios incómodos con algo que no requiera pensar demasiado. Si no sabe qué decir o se siente nervioso, la charla trivial puede ayudarle a quitar hierro al asunto. También puede ayudarle a evitar estancarse en un tema durante demasiado tiempo.

Aprovechar el poder de la charla trivial

La charla trivial no es solo un lubricante social; es un medio de comunicación. Cuando practica la charla trivial, se entrena para hablar con más confianza en público y desarrolla mejores habilidades comunicativas. Aprende a expresarse de forma clara y concisa a la vez que mantiene el interés por lo que dice la otra persona. Aprende a escuchar con más atención y a hacer preguntas que le proporcionen la información necesaria. Estas habilidades no solo le ayudan en las conversaciones cotidianas, sino que también mejoran su vida profesional. Si tiene un trabajo que implique interactuar con clientes o consumidores, saber mantener conversaciones triviales puede significar la diferencia entre una buena relación y una excelente.

En la historia de los negocios, muchas grandes asociaciones y relaciones duraderas se han formado sobre la base inicial de una pequeña charla casual. Ben & Jerry's se inició con un encuentro fortuito que dio lugar a una conversación casual. Los socios comerciales descubrieron que tenían muchas cosas en común; el resto es historia. Para que una conversación trivial dé sus frutos, no hace falta ser un magnate del helado. *Demuestre a la gente que le interesa lo que dicen.*

Sin Bill Fernandez, los productos de Apple, como los iPhones, los Macbooks y otros, no existirían. Fernandez era amigo común de Steve Jobs y Wozniak, y ambos asistieron al mismo instituto. Jobs y Wozniak se conocieron cuando se los presentó Fernández. Fernández había visto a Wozniak fuera lavando su coche, así que llevó a Jobs a conocerle, y los dos congeniaron de inmediato. Hablaron de tecnología y electrónica y finalmente decidieron trabajar juntos en un proyecto. El resultado fue *Apple Computer, Inc.,* que se convirtió en la empresa mundialmente conocida que todo el mundo conoce hoy.

Si no fuera por las conversaciones triviales, no existirían numerosas start-ups y empresas. La próxima vez que tenga ganas de charlar, piense en Steve Jobs, Wozniak y los demás empresarios que deben su éxito a una conversación informal.

Practicar la charla trivial puede resultar desalentador si no sabe por dónde empezar. A continuación, se exponen los principios fundamentales de la charla trivial para ayudarle a empezar.

Muestre un interés genuino

La conversación es una *forma de arte.* Si quiere dominarla, tiene que eliminar la noción de que la charla trivial no importa, porque sí importa.

Cuando conoce a gente por primera vez, sus conversaciones son vehículos para mejorar sus habilidades comunicativas. Así que, la próxima vez que se sienta ansioso por iniciar una conversación con alguien nuevo, acérquese a ella con entusiasmo. No puede limitarse a hacer las mismas preguntas y esperar una respuesta. Tiene que mostrar un interés genuino por lo que dice la otra persona haciendo preguntas que requieran más que respuestas de una sola palabra. Por ejemplo, en lugar de preguntarle a alguien: "¿A qué se dedica?", pregúntele: "¿Cómo llegó a su profesión?". Si quiere conectar de verdad con alguien, pregúntele sobre algo que le apasione y escuche atentamente su respuesta.

La conversación es una forma de arte
https://unsplash.com/photos/kFEb8vigiuQ

Deje el teléfono

Mantener el contacto visual con la persona con la que está hablando es esencial. Es fácil bajar la vista al teléfono o echar un vistazo a la habitación mientras alguien habla, pero esto puede indicar que no está interesado en lo que dicen. Mantener el contacto visual les hace saber que les está prestando toda su atención, lo que les ayuda a sentirse más cómodos a su lado y se abrirán aún más.

Es fácil sacar el teléfono y consultar los mensajes durante una conversación, pero evite hacerlo a menos que se trate de una emergencia. Pida permiso primero si necesita enviar un mensaje de texto o consultar las redes sociales mientras habla con alguien. Si le dicen que no, no lo haga. La persona se sentirá ignorada y podría dañar su relación potencial.

No tenga miedo de hablar de usted mismo

Cuando se practica la charla trivial, puede ser un reto intervenir en la historia o conversación de otra persona. Puede que sienta que está interrumpiendo, o que su contribución no es lo suficientemente valiosa como para merecer una respuesta. Sin embargo, no se preocupe. No pasa nada por hablar de uno mismo. Mientras no esté siendo egocéntrico o grosero, la gente se identificará fácilmente con sus palabras.

Prepárese para compartir información sobre usted, pero evite dar respuestas cortas y cerradas. En lugar de responder con un simple sí o no, utilice su respuesta para proporcionar detalles adicionales. De este modo, la otra persona tendrá más material sobre el que trabajar y podrá seguir hablando sin sentir que le está interrogando.

Por ejemplo:

Pregunta: "¿Cómo ha estado? ¿Qué está pasando en su vida?".

Respuesta corta: "Estoy bien. Acabo de terminar el semestre".

Mejor respuesta: "Me va bien. Me estoy preparando para mi viaje a Inglaterra, que será la primera vez que visite esa parte del mundo. Estoy deseando tomar un auténtico té inglés".

En lugar de detener bruscamente la conversación, le ha dado a la otra persona algo con lo que trabajar y ha mantenido la conversación.

Pregunte: "¿Qué tal el trabajo?".

Respuesta corta: "Está ocupado".

Mejor respuesta: "Tengo muchos proyectos en marcha. Sin embargo, estoy listo para un descanso. Estamos planeando tomarnos un tiempo libre durante las vacaciones. ¿Y usted?".

Al hacer una pregunta, ha devuelto la conversación a la otra persona y le ha permitido hablar de sí misma. No puede hacer esto con una respuesta de una sola palabra como "Bien".

Hablar de uno mismo actúa como un excelente catalizador para mantener la conversación. Es esencial ser consciente de cuánto habla de sí mismo. La gente suele hablar de sí misma por hablar, lo que les hace parecer ensimismados o narcisistas. Esto desanima a la mayoría de la gente. Ser consciente de lo que dice le ayudará a evitar que esto ocurra.

Haga preguntas abiertas

Las preguntas abiertas no pueden responderse con un simple sí o un no. Requieren más que respuestas de una sola palabra y animan a las personas a hablar de sí mismas. Le proporcionan más información sobre lo que ocurre en la vida de las personas y le ayudan a comprenderlas mejor como individuos. Las preguntas abiertas de una pequeña charla animan a la persona a abrirse y compartir sus ideas, sentimientos o experiencias.

Puede hacer preguntas abiertas de varias maneras; pregúnteles sobre su vida, su trabajo o sus intereses personales. O pregúnteles qué piensan sobre algo que está ocurriendo en las noticias o incluso algo más desenfadado, como su fin de semana. Por ejemplo, puede preguntar: "¿Qué opinas de la nueva actualización de Facebook?" o "¿Ha oído que en diciembre se estrena una nueva película de Star Wars?".

Sin embargo, las preguntas cerradas o cortas son todo lo contrario. Suelen ser breves y directas. Pueden ser una buena forma de captar la atención de alguien o de conseguir que hable de algo que le gusta, pero no suelen darle mucha información sobre la persona como individuo. Las preguntas abiertas le permiten encontrar puntos en común y, una vez que tenga algo con lo que trabajar, formule preguntas cortas para profundizar en la conversación.

Por ejemplo:

Usted: "¿Cuáles son sus aficiones?".

Ellos: "Me gusta jugar a videojuegos, leer y hacer senderismo".

Usted: "¿Cuál es su libro favorito?".

Ellos: "Me encanta Harry Potter".

Usted: "Sí. Yo también he leído todos los libros. ¿Ha visto las películas?".

Es una forma estupenda de llevar la conversación en cualquier dirección. Podría hablar de sus personajes favoritos, de cómo le inspiró JK Rowling o de cuántas veces ha visto cada película. A veces las preguntas cortas no funcionan tan bien como las abiertas, así que es importante saber distinguirlas. Si alguien le dice que tiene un cachorro nuevo y quiere saber qué comida para perros debe comer, preguntarle si hace caca en la alfombra no le llevará muy lejos. En su lugar, pregúnteles cuál es su raza de perro favorita o si tienen otras mascotas. No hay reglas a la hora de entablar conversación con desconocidos. Recuerde que la persona con la que está hablando también quiere pasárselo bien. Si dicen algo interesante, pregúnteles más sobre ello.

Practique la escucha activa

Mantener el ritmo de la conversación puede ser un reto si no es un oyente activo. Cuando otra persona esté hablando, preste atención, ya que así le demostrará que le importa lo que está diciendo. Puede hacerlo asintiendo con la cabeza, sonriendo y manteniendo el contacto visual a lo largo de la conversación. Al escuchar activamente, usted rastrea hacia dónde va la otra persona con su historia, lo que facilita que continúe hablando.

El compromiso es la clave de una buena conversación, y la escucha activa es una forma estupenda de demostrar que está comprometido. Además, al escuchar activamente, puede captar las pistas que la otra persona pueda dejar caer. Es una parte integral de la conversación porque le ayuda a entender lo que le gusta y lo que no le gusta a la otra persona; también le facilita hablar con alguien que comparte sus intereses. Los siguientes consejos le ayudarán a convertirse en un mejor oyente activo:

1. Nunca interrumpa a nadie mientras esté hablando y no prepare su respuesta hasta que la persona haya terminado de hablar.

2. No ofrezca consejos, sugerencias o soluciones no solicitados.

3. Preste atención a las señales no verbales del orador, como el tono de voz, la expresión facial y el lenguaje corporal, para determinar con mayor precisión el significado de sus palabras.

4. Evite distraerse con sus pensamientos o preocupaciones. No piense en lo que va a decir como respuesta mientras la otra persona está hablando; en su lugar, concéntrese en lo que está diciendo.

5. Esté dispuesto a aceptar nuevas ideas y a mirar más allá de sus prejuicios.

6. Haga preguntas para demostrar que está escuchando.

7. Repita lo que ha dicho la persona con sus propias palabras para confirmar que lo ha entendido correctamente.

Muestre entusiasmo

El entusiasmo es una forma eficaz de demostrar que está escuchando y participando en la conversación. Puede ser tan sencillo como asentir con la cabeza o sonreír cuando alguien dice algo importante para él, como "*Me encanta mi trabajo*" o "*Mi familia es lo que me hace más feliz en la vida*".

El entusiasmo no se limita a sus respuestas verbales. Puede expresarse a través de su lenguaje corporal. Por ejemplo, si alguien le está contando sus vacaciones en Hawái, inclínese hacia delante y asienta ligeramente con la cabeza mientras habla, demostrando así que le interesa lo que dice y que quiere saber más. Utilice también sus expresiones faciales para demostrar que está escuchando; una sonrisa o una ligera carcajada en el momento adecuado pueden ayudar a que la conversación se desarrolle con fluidez.

Evite las señales no verbales que puedan indicar desinterés, como poner los ojos en blanco o cruzarse de brazos. Si le resulta difícil entusiasmarse con lo que alguien está diciendo, céntrese en los hechos y pase por alto sus reacciones iniciales. Puede cambiar el enfoque de la conversación haciendo preguntas sobre lo que han dicho o comentando cómo su historia se relaciona con otra cosa.

Beneficios de las conversaciones triviales

Le ayuda a relajarse

Cuando se encuentra en una situación desconocida, como conocer gente nueva o hablar en público, es normal sentirse nervioso. La charla trivial puede aliviar algunos de esos nervios dándole algo familiar que hacer.

Le entrena para conversaciones más importantes

Mantener conversaciones triviales entrena a su cerebro para mantener conversaciones con extraños, preparándole para discusiones más significativas más adelante en el camino (haciendo más fáciles esas incómodas primeras citas).

Le saca de sus casillas

Hablar con otra persona le obliga a concentrarse en lo que está diciendo en lugar de pensar en sus problemas. Puede ayudarle a superar una resaca emocional de algo que haya sucedido antes durante el día o a despejar su mente durante un rato.

Le hace más simpático

A la gente le gusta interactuar con quienes saludan, hacen preguntas y les hacen sentirse bien consigo mismos. Haga un esfuerzo por conectar con los demás estableciendo contacto visual y sonriendo cuando pasen a su lado. Estos sencillos gestos pueden contribuir en gran medida a que la gente sienta que usted se interesa por ellos como individuos.

Le hace escuchar mejor

Interesarse por lo que dice otra persona le hace sentirse bien y le ayuda a aprender algo nuevo. Una cosa que puede ayudarle a tener éxito en la vida es escuchar bien y comprender el punto de vista de otra persona.

Le hace más memorable

Interesarse por los demás y por lo que dicen es una forma estupenda de causar una buena impresión. La gente suele recordar a quienes se interesan por lo que dicen. Así que puede causar una impresión duradera haciendo preguntas y escuchando activamente en lugar de limitarse a esperar su turno para hablar.

Le ayuda a comprender los puntos de vista de los demás

Escuchar atentamente el punto de vista de otra persona es una forma estupenda de aprender lo que la hace única y cómo ve el mundo. Tomarse el tiempo necesario para escuchar de verdad y considerar el punto de vista de otra persona le ayuda a comprender mejor de dónde vienen. Puede ser especialmente útil cuando se trabaja con personas de otras culturas u orígenes con valores diferentes a los suyos.

Demuestra que se preocupa por los demás

Escuchar es una forma estupenda de demostrar a la gente que le importan sus sentimientos y opiniones. Cuando escucha de verdad a alguien, demuestra que valora lo que le dicen y que está interesado en saber más. Puede fortalecer sus relaciones con los demás y crear un entorno más positivo.

Puede mejorar sus relaciones con los demás

Cuando escucha, le ayuda a desarrollar relaciones más sólidas con las personas que le rodean. Las personas se sienten valoradas y respetadas cuando saben que alguien les escucha de verdad. Crea un ambiente en el que todos se sienten cómodos expresando sus sentimientos, pensamientos e ideas.

Participar en conversaciones triviales tiene muchas ventajas, desde adquirir habilidades sociales fundamentales hasta convertirse en un líder con grandes oportunidades de negocio. Perfeccione sus habilidades para la charla trivial y descubra una nueva confianza en todos los aspectos de la vida.

Capítulo 2: Superar ESTO primero

A muchas personas les cuesta hablar de temas triviales. Puede resultar incómodo iniciar una conversación con alguien o hablar del tiempo con un completo desconocido. Los introvertidos y las personas con ansiedad social, escasas habilidades sociales y baja autoestima pueden encontrar difícil y a veces abrumadora la charla trivial. Sin embargo, puede utilizar técnicas y trucos de eficacia probada para superar el miedo y la ansiedad de la charla trivial.

La ansiedad social es un problema real que puede impedirle entablar relaciones sanas
https://unsplash.com/photos/rXrMv7mXUEs

Descargo de responsabilidad sobre salud mental: Algunas de estas luchas requieren atención médica por parte de un profesional sanitario. Hable con un terapeuta si no puede controlar su ansiedad u otros problemas.

Ansiedad social

El trastorno de ansiedad social o fobia social es una incomodidad, nerviosismo o miedo abrumador a las situaciones sociales. Suele comenzar a una edad temprana y puede repercutir en las interacciones sociales a lo largo de toda la vida. Algunas personas confunden la timidez con la ansiedad social, pero esta última es más grave. Si experimenta ataques de pánico, sudores, náuseas, rubor, vergüenza, rigidez, evita las situaciones sociales, evita el contacto visual, teme las críticas, se siente cohibido o le preocupa entablar conversaciones triviales, es probable que padezca ansiedad social.

Para cada problema existe una solución. Puede controlar su ansiedad social con unas cuantas técnicas de eficacia probada.

Cambie de actitud

Parece más fácil decirlo que hacerlo, pero cambiar sus pensamientos y su actitud son métodos eficaces para controlar la ansiedad social. Pensamientos como "soy socialmente torpe" o "soy aburrido" le impiden acercarse a los demás e iniciar una conversación. Comprenda que estos pensamientos no son útiles; su mente le está jugando una mala pasada al presentarle ideas negativas y distorsionadas sobre usted mismo. Sea más amable consigo misma, ejerza la autocompasión y cambie sus pensamientos por otros más positivos y realistas. Dígase a sí misma: "Soy una persona interesante y simpática. En más de una ocasión, me he dado cuenta de que los demás disfrutan de mi compañía y de mis dotes de conversación". O bien: "La mayoría de la gente está concentrada en lo que estoy diciendo y apenas notan mi ansiedad. Nadie se preocupa ni me juzga por sentir ansiedad. Los que juzgan a los demás por su ansiedad social son los que tienen el problema. Cualquiera puede experimentar ansiedad social".

Evite las soluciones temporales

Un amigo le llama para invitarle a su fiesta de cumpleaños. Sin embargo, usted no quiere soportar la incomodidad de las conversaciones triviales, así que evita ir. Evitar las reuniones sociales no va a solucionar su ansiedad. Es una solución temporal porque no puede evitar la socialización para siempre. Conocer gente y entablar conversaciones triviales le permite practicar cómo iniciar una conversación, desarrollar habilidades sociales y ganar confianza. Cuanto más interactúe con los demás y deje que la conversación fluya con naturalidad, más fácil le resultará acallar esos pensamientos negativos.

Existen dos tipos de evitación. La primera es la evitación manifiesta, que consiste en mantenerse alejado de situaciones que le incomodan, como iniciar una conversación con alguien o asistir a una reunión o actividad divertida. La segunda es la evitación encubierta, que consiste en rehuir expresar su opinión delante de los demás, acortar una conversación o no hablar mucho de sí mismo. También hay comportamientos físicos relacionados con la evitación encubierta, como cruzarse de brazos, no establecer contacto visual, mirar el teléfono y hablar en voz baja. Las personas con ansiedad social recurren a este comportamiento, consciente o inconscientemente, para permanecer en un segundo plano y evitar llamar la atención.

Lo primero que hay que hacer es dejar de evitar; simplemente haga lo contrario de lo que le está diciendo su ansiedad. Dé pequeños pasos y salga gradualmente de su zona de confort. Cuando hable con alguien, no se pierda en sus pensamientos negativos. En su lugar, céntrese en la conversación y en la persona con la que está hablando. No ensaye la conversación de antemano, sea usted mismo y diga lo que piensa. Escuche activamente lo que dice la persona y participe en la conversación haciendo preguntas o respondiendo. No diga lo que quieren oír ni se haga eco de sus sentimientos, sino exprese sus propios pensamientos.

Por ejemplo, está hablando del tiempo con alguien mientras espera en la consulta del médico. Le dicen que no les gusta el verano y que prefieren el frío. No se limite a darles la razón. Si a usted no le gusta el invierno, sonría y diga: "Yo soy una persona de verano". Esta admisión puede invitar a una conversación en la que charlen sobre sus actividades estacionales favoritas. Si hay un vacío en la conversación, cambie de tema.

Probablemente responda con frases cortas durante una conversación porque teme que los demás le juzguen si se expresa libremente. Propóngase como norma ampliar siempre sus respuestas. Es un territorio nuevo para usted y requiere más esfuerzo, pero mantendrá la fluidez de la conversación.

Por ejemplo, alguien le pregunta por su día. En lugar de limitarse a decir "bien", deles más detalles. Diga: "Estoy bien, pero he trabajado tanto esta semana que estoy deseando que llegue el fin de semana. Voy a darme un atracón de televisión el miércoles y quizá lea un libro". Ahora ha introducido algunos temas nuevos en la conversación, como el trabajo, un programa de televisión y un libro. Esto invitará a la otra persona a hacerle más preguntas para que puedan conocerse mejor y conectar. Naturalmente, al principio se sentirá ansioso, pero con el tiempo notará que los demás disfrutan de su compañía y que usted es un buen conversador.

Abandonar estas soluciones temporales no es fácil y puede -al menos al principio- aumentar su ansiedad. Empiece con unos pequeños cambios y no se agobie. Con el tiempo se sentirá más a gusto, sobre todo cuando le resulte más fácil iniciar una conversación con la gente y entablar un diálogo con ellos.

Equilibre la conversación

Evite convertir una conversación en una entrevista haciendo preguntas para desviar la atención de usted mismo. En toda conversación debe existir un equilibrio en el que ambas partes puedan hablar, escuchar y conocerse mejor. Fíjese el objetivo de decir tanto sobre usted como la otra persona. Pregúnteles sobre sí mismos, pero deles también espacio para que le hagan preguntas, de modo que usted pueda formar parte de la conversación. Recuerde que la comunicación va en ambos sentidos.

Respire

Respire profundamente unas cuantas veces antes de las interacciones sociales. La respiración puede calmar su ansiedad reduciendo su ritmo cardíaco y calmando sus nervios, mientras que el estrés le hace centrarse en lo que puede salir mal y cuestionarse a sí mismo y sus capacidades. Cuando respira, es consciente del momento presente y se centra en la conversación. Si se pone nervioso durante una conversación o cuando alguien le hace una pregunta, tómese un momento para respirar, ya que le permite volver a centrarse y pensar en una respuesta adecuada.

Deje de ser demasiado precavido

Las personas con ansiedad social suelen pensárselo dos veces antes de decir algo. Como les preocupa constantemente cómo les perciben los demás, van a lo seguro. Algunas personas prefieren quedarse calladas o evitar la socialización antes que decir algo y que la gente las juzgue o les caiga mal. Ser precavido de vez en cuando puede ser beneficioso y evitar que diga algo equivocado. Sin embargo, si siempre tiene cuidado, se sentirá más ansioso e impedirá que los demás le conozcan.

Déjese llevar y sea más despreocupado. Aunque esto puede dar mucho miedo, es bastante liberador. Practique primero con personas con las que se sienta cómoda. Sea usted misma, baje la guardia y no piense demasiado todo lo que dice. Después de ganar más confianza, pruebe esta táctica con desconocidos o compañeros de trabajo. Establecerá conexiones profundas cuando asuma riesgos sociales y sea usted mismo con los demás. La gente puede darse cuenta si está fingiendo o no está siendo su yo más auténtico.

Ser más despreocupado aumentará su confianza en sí mismo. Cuando vea cómo la gente le responde y disfruta de su compañía, creerá en sí mismo y en sus habilidades sociales. Comprenderá que no tiene que ser perfecto ni decir siempre lo correcto para gustar a los demás. Nadie espera que usted sea perfecto. Si dice algo tonto, ríase de ello, y si ofende a alguien accidentalmente, discúlpese sinceramente y deje claro que no tenía intención de ofenderle. Recuerde que aún está aprendiendo, así que no sea duro consigo mismo.

Poca habilidad social

Acercarse a cualquier persona e iniciar una conversación sin meter la pata o decir algo equivocado es el sueño. Sin embargo, unas malas habilidades sociales pueden interponerse en el camino. Nadie nace siendo sociable o suave, pero puede trabajar en sí mismo y desarrollar estas habilidades.

Practique

¿Puede aprender a tocar el piano sin practicar? Desarrollar habilidades sociales requiere trabajar constantemente en uno mismo para mejorar y sentirse más seguro. Esfuércese y salga de su zona de confort. Inicie una conversación con el camarero cuando compre su café por la mañana, con su conductor de Uber, con el cajero del banco o con la cajera del supermercado. Pregúnteles por su día o comente el tiempo que hace. Practique cada vez que pueda con sus compañeros de trabajo, vecinos o desconocidos en el autobús. Incluso si mete la pata o dice algo mal, puede volver a intentarlo al día siguiente. Cometiendo errores y aprendiendo de ellos es como se crece.

Establezca contacto visual

La falta de contacto visual es una clara señal de que está nervioso o incómodo. Una de las habilidades sociales más eficaces que debe dominar es establecer contacto visual. Según un estudio de la psicóloga Thalia Wheatley, establecer contacto visual despierta la atención de ambas personas durante una conversación. Imagine mantener una conversación con alguien que mira su teléfono todo el tiempo. Sentirá que no están atentos. Establecer contacto visual demuestra respeto y que está prestando atención a lo que dice la otra persona.

Aprender a mantener el contacto visual permite que la gente se sienta más cómoda con usted
https://unsplash.com/photos/M4MHtHVVS1E

Establezca la norma de mantener el contacto visual el 70% del tiempo cuando la otra persona esté hablando y el 50% cuando sea usted quien hable. Puede que el contacto visual le resulte incómodo si es tímido o le cuesta confiar en sí mismo. Empiece poco a poco estableciendo contacto visual durante unos segundos y luego desvíe la mirada. Aumente la duración cada vez hasta que se sienta a gusto. Si el contacto visual directo le incomoda, mire sus cejas en su lugar.

Visualice

La visualización es una técnica poderosa que hace que la gente crea en sí misma y mejore sus habilidades. Cierre los ojos ahora e imagínese en una situación social. ¿Qué ve? Probablemente se vea sentado en un rincón, evitando a la gente o metiendo la pata y avergonzándose a sí mismo. De nuevo, esta imagen no es real. Al visualizarse como una persona segura de sí misma y con excelentes habilidades sociales, sustituye esta imagen por otra más poderosa. Tómese unos minutos al día, siéntese en una habitación tranquila sin distracciones e imagínese conversando con alguien. Usted es divertido, encantador y seguro de sí mismo, y la otra persona sonríe y participa en la conversación. Concéntrese en cada detalle, como lo que lleva puesto, el tono de voz, el lenguaje corporal y lo que está diciendo. Con el tiempo, podrá creerse esta imagen y actuar como tal.

Encuentre un modelo a seguir

Puede aprender habilidades sociales observando a las personas de su vida y emulando su comportamiento. Busque a un amigo, compañero de trabajo o familiar con excelentes habilidades sociales y fíjese en cómo se acercan a la gente, inician una conversación y entablan conversaciones triviales. Pase tiempo con ellos para aprender sus técnicas y su comportamiento se le contagiará. Si se trata de alguien cercano, pídale consejo sobre cómo mejorar sus habilidades sociales.

Fíjese objetivos

No podrá mejorar sus habilidades sociales si permanece en su zona de confort. Fíjese metas para animarse a socializar y practicar la charla trivial. Al menos una vez al mes, asista a un acto o reunión social. Aunque aún se sienta incómodo acercándose a la gente, deténgase y observe cómo interactúan entre ellos; con el tiempo, se armará de valor para hablar con alguien.

Asegúrese de hablar una vez en cada reunión de trabajo, ya sea para compartir una opinión o una idea. Deje de pedir sus comidas por Internet y, en su lugar, llame por teléfono. Aunque estos objetivos puedan parecer pequeños, son un buen comienzo y pueden facilitarle las cosas hasta que desarrolle unas buenas habilidades sociales. Los objetivos pequeños son más fáciles de alcanzar que los grandes e inalcanzables que podrían abocarle al fracaso.

Una vez que se sienta cómodo, fíjese metas más grandes. Por ejemplo, preséntese a dos personas en el próximo acto social o haga trabajo voluntario e interactúe con los demás.

Baja autoestima

La mayoría de las veces, la falta de autoestima le ha frenado. La forma en que se ve y piensa de sí mismo repercute en todos los ámbitos de su vida. Una autoestima alta cambia cómo se siente sobre sí mismo y sobre el mundo que le rodea. Durante las conversaciones e interacciones con los demás, céntrese en sus cualidades positivas y recuérdese que es tan interesante como cualquier otra persona.

Silencie a su crítico interior

Cada persona tiene una voz interior que o bien la levanta y la anima o bien la derriba. Si tiene baja autoestima, probablemente tenga un crítico interior que le recuerda sus defectos y le convence de que no es lo bastante bueno. Puede impedirle iniciar una conversación con los demás centrándose en lo que puede salir mal o haciéndole sentir mal consigo mismo. Las personas seguras de sí mismas han aprendido a manejar esta voz y a no dejar que les arruine la vida. Los pensamientos negativos pueden destruir su autoestima. Sin embargo, puede desafiarlos y debilitarlos introduciendo pensamientos positivos y opuestos para cambiar su actitud.

Desafíe estos pensamientos cuestionándolos. Por ejemplo, si su crítico interior le dice que hará el ridículo cuando hable con alguien en una fiesta, pregúntese: "¿Cuándo he hecho el ridículo o he pasado vergüenza durante una conversación?". Se dará cuenta de que esto nunca ha ocurrido o no ha sido tan malo como sus pensamientos le hacen creer.

Sea consciente de esta voz y de su impacto en su autoestima. Desafíela y cuestiónela constantemente hasta que desaparezca.

No insista en sus errores

Todo el mundo comete errores durante las interacciones sociales. Sin embargo, cuando no se siente seguro de sí mismo, su cerebro exagera sus errores y le hace cuestionarse. Acepte sus imperfecciones y perdónese. Si le dice algo estúpido a su conductor de Uber, no le dé más vueltas. No volverá a ver a esa persona y lo más probable es que olvide la interacción. Cada vez que su cerebro saque a relucir un error del pasado, diga "basta" en voz alta o en voz baja. Se trata de una táctica muy eficaz que trasladará sus pensamientos al momento presente en lugar de revivir algo que ya sucedió y que no tiene ninguna repercusión en su presente.

Tome el control de sus pensamientos en lugar de permitir que ellos le controlen a usted. La próxima vez que su cerebro saque a relucir un error del pasado, piense rápidamente en una interacción social divertida en la que la gente le elogió o disfrutó de su compañía. Acepte que siempre cometerá errores. No deje que le definan ni que afecten a su autoestima.

Céntrese en sus buenas cualidades

La baja autoestima le impide ver sus buenas cualidades y lo maravillosa que es. En su agenda o en su teléfono, escriba todo lo que le gusta de usted, asegurándose de incluir los cumplidos y los comentarios encantadores que la gente le ha hecho a lo largo de los años. Si no se le ocurre nada, pida ayuda a su mejor amiga, a sus padres o a sus hermanos. Ellos destacarán sus rasgos positivos y lo que les gusta de pasar tiempo con usted. Pídales que los anoten para poder mirarlos cada vez que sus pensamientos negativos se apoderen de usted. Anote sus hábitos saludables y buenos o sus aficiones, ya que reflejan su personalidad. Por ejemplo, si come sano y hace ejercicio, es usted inteligente y comprende la importancia de llevar un estilo de vida saludable. Si le gusta leer, es usted una persona inteligente. Recuerde leer esta lista a diario para recordar constantemente sus cualidades excepcionales.

Introversión

Los introvertidos odian las charlas triviales porque prefieren las conversaciones profundas. A diferencia de la ansiedad social, las escasas habilidades sociales y la baja autoestima, la introversión no es un problema, sino una cualidad. No tiene por qué dejar de ser introvertido. Simplemente aprenda a superar su miedo a las conversaciones triviales y comprenda su importancia en las interacciones cotidianas.

Sea accesible

Las personas que no entienden la introversión pueden suponer que usted es un snob o que no le interesa entablar una conversación. Al principio, los introvertidos pueden mostrarse callados, sobre todo cuando están con gente que no conocen muy bien. Como no les gusta hablar de cosas triviales, los introvertidos pueden parecer aburridos durante una conversación, lo que hace pensar a la gente que no quieren hablar. Cuando interactúe con gente que no conoce, ofrezca una sonrisa genuina y una actitud cálida. Le hará parecer accesible, haciendo que la gente se sienta a gusto a su alrededor. Incluso si le cuesta iniciar una conversación, entre en la habitación sonriendo; ¡es una invitación para que la gente se acerque a hablar con usted!

Recompénsese

Regálese algo que le guste cada vez que entable una conversación trivial con alguien. Por ejemplo, dígase a sí mismo que si hoy entabla una conversación trivial con dos personas, se comprará una buena cena o pasará la noche leyendo el libro que acaba de comprar. La recompensa debe ser algo que le guste hacer. Sin embargo, si fracasa, castíguese. Por ejemplo, no se dé un atracón viendo la nueva temporada de su serie favorita o no juegue a videojuegos durante una semana. Crear un sistema de recompensas y castigos le motivará para salir de su zona de confort y acercarse a la gente.

Sus pensamientos le frenan Tanto si es introvertido como si padece ansiedad social, baja autoestima o escasas habilidades sociales, sus pensamientos negativos le han engañado haciéndole creer que no puede entablar conversaciones triviales o que la gente le encontrará aburrido. Comprender que estos pensamientos no son honestos (y que solo juegan con sus inseguridades) es crucial; son como las historias aterradoras de Pie Grande que oía de niño. Son irreales y desafían la lógica. Sustituirlos por pensamientos positivos y saludables es su primer y más importante paso para superar estas luchas, de modo que finalmente pueda hablar con cualquiera sin esfuerzo y con confianza.

Sea usted mismo. Tiene mucho que ofrecer, *aunque no lo crea.* No deje que su crítico interior le gane. Siga recordándose sus buenas cualidades y cómo la gente disfruta de su compañía. Crea que esa voz interior no tendrá poder sobre usted sin su permiso. Acérquese a la gente con una sonrisa y una actitud amistosa. Aunque se sienta nervioso, sonreír le relajará y hará que los demás se sientan cómodos, lo que le dará valor para entablar conversación con ellos. Recuerde, usted es quien cree que es, así que *crea* que es una persona segura de sí misma e interesante.

Capítulo 3: Trucos de conversación trivial para el introvertido

Las charlas triviales suelen ser uno de los aspectos más tediosos de los eventos para establecer contactos. Es una parte esencial de conocer gente y hacer nuevas amistades. Mientras que a los extrovertidos les encanta compartir sus historias y conocer a la gente, a los introvertidos la charla trivial les suele resultar estresante. Para los introvertidos puede ser un reto lanzarse a una conversación y empezar a establecer una buena relación. En su lugar, prefieren escuchar y observar antes de entablar conversación con los demás.

La charla trivial es un factor clave para establecer contactos con éxito
https://unsplash.com/photos/ZDN-G1xBWHY

Los introvertidos no son necesariamente tímidos y pueden ser bastante extrovertidos a su manera. La diferencia es que necesitan sentirse cómodos antes de abrirse y compartirse con los demás. Por lo tanto, las conversaciones triviales pueden suponer un reto mayor para los introvertidos que para los extrovertidos. La buena noticia es que hay formas de facilitar la charla a los introvertidos. Si comprenden lo que les motiva y cómo pueden trabajar con sus rasgos de personalidad únicos, los introvertidos pueden aprender a desenvolverse en situaciones sociales y entablar relaciones con los demás. Si es usted introvertido, aquí tiene ocho técnicas que le ayudarán a trabajar con su personalidad y convertirse en un mejor conversador.

Reduzca la ansiedad

La ansiedad puede hacer que incluso las conversaciones más sencillas parezcan un desafío. En 2008, unos investigadores intentaron determinar si las personas con trastorno de ansiedad social (TAS) son menos hábiles en las interacciones sociales o si todo está en su cabeza. En un artículo publicado en la revista *Journal of Anxiety Disorders*, los autores llegaron a la conclusión de que la diferencia en el rendimiento podría deberse a la ansiedad y no solo al nivel de habilidad. En otras palabras, si tiene ansiedad ante las conversaciones triviales, puede hacer que le parezcan un reto insuperable. Unas cuantas técnicas pueden ayudarle a reducir su estrés y facilitarle la charla trivial:

Empiece poco a poco

Si es nuevo en el mundo de las conversaciones triviales, no se lance directamente a conversar con un desconocido en una fiesta. Empiece con la gente que conoce bien -quizá compañeros de trabajo o de clase- y pregúnteles cómo les ha ido el día. Si se muestran locuaces, hágales más preguntas sobre sus vidas. Si no, pregúnteles qué piensan sobre un acontecimiento próximo o una noticia en los titulares.

Cuando se sienta preparado para diversificarse, empiece con alguien que parezca amable y accesible. No se fuerce a encontrar puntos en común si no tiene nada que decir, pero mantenga la conversación haciendo preguntas. Hacer preguntas abiertas es una forma fácil de hacer que la gente hable. En lugar de preguntar: "¿Cómo estás?", pregunte: "¿Qué hay de nuevo en su trabajo?" o incluso: "Háblame de ti". Si se queda sin palabras, comente algo de su entorno; su ropa o sus accesorios son fáciles iniciadores de conversación.

Presentaciones de as

El primer paso para mantener una conversación trivial excelente es saber cómo presentarse. La mejor manera es con una frase que diga su nombre y por qué está hablando con ellos. Por ejemplo: "Hola, me llamo Bob y me preguntaba si podría ayudarme con algo". Esta introducción invita a la gente a entrar en la conversación porque saben lo que usted quiere de ellos.

Cuando haga una introducción, preguntar si la persona está libre para hablar es siempre una buena idea. Por ejemplo: "¿Tiene un minuto? Quiero preguntarle algo". Esta pregunta demuestra que respeta su tiempo y le permite declinar su petición si no tiene tiempo para esta conversación.

Si tienen tiempo, pregúnteles si les parece bien hablar de un tema concreto. Por ejemplo: "¿Le importa que hablemos de su salario un minuto?". Observe cómo esta pregunta prepara a la persona para lo que viene a continuación y no parece insistente ni exigente.

Utilice herramientas de autoayuda

Las herramientas de autoayuda están diseñadas para ayudarle a controlar la ansiedad y el estrés y pueden ser una forma estupenda de ayudarle a sentirse más cómodo cuando está nervioso. Una herramienta de autoayuda puede ser un objeto físico, como una pelota antiestrés, un diario o un simple mantra que se diga a sí misma cuando esté estresada. Puede decirse estas frases cuando esté ansioso:

- "Mi ansiedad es solo una sensación y no me hará daño".
- "Puedo hacerlo".
- "No pasa nada si cometo errores".
- "No pasa nada si no sé qué decir o hacer. Puedo limitarme a escuchar".
- "Es importante iniciar una conversación con alguien en los eventos de networking. Esa persona probablemente no conozca a mucha gente allí y apreciará que haya otra persona con la que hablar".

Fíjese en el lenguaje corporal

Las señales no verbales, como las expresiones faciales y los gestos, pueden afectar al modo en que una persona interpreta lo que usted dice durante una conversación trivial. Puede parecer poco amistoso o a la defensiva si está de pie o sentado con los brazos cruzados sobre el pecho. En su lugar, ábrase e inclínese ligeramente hacia delante cuando hable con alguien; esto le hará parecer más abierto e interesado en lo que le están diciendo.

La charla trivial es algo más que temas triviales

El resultado de su charla trivial depende en gran medida de su actitud. No la vea como una pérdida de tiempo. En su lugar, piense en la charla trivial como una oportunidad para conectar con alguien y mostrar interés por él. La charla trivial puede crear una apertura para conversaciones más significativas más adelante. Antes de charlar con alguien que no conoce, pregúntese: "¿Cómo puedo hacer que nuestra conversación sea interesante?". Los objetivos ayudan a los introvertidos a canalizar su atención de forma concreta. Conocer sus objetivos facilita la determinación de cómo los alcanzará.

Pregúntese qué quiere obtener de la conversación. ¿Quiere causar una buena impresión a alguien? Averigüe más sobre ellos y sus intereses. Inicie una nueva amistad con alguien con valores similares. Aunque necesite averiguar sus objetivos, tener unos cuantos es una buena idea. Siempre podrá revisarlos a medida que avance la conversación.

Su objetivo no tiene por qué ser un resultado concreto. Por ejemplo, puede causar una buena impresión en alguien demostrando que le importa lo que dice y que está interesado en conocerle mejor. Si es así, piense en cómo puede demostrarlo. Pregúnteles por sus aficiones o averigüe qué les gusta y qué no les gusta de su trabajo. También puede causar una buena impresión mostrándose optimista y amable. Si está intentando iniciar una nueva amistad, comparta algunos intereses comunes con la otra persona. Si está buscando un nuevo trabajo, pida consejo a su interlocutor y demuestre que está dispuesto a trabajar duro y a aprender nuevas habilidades.

Canalice su curiosidad

La curiosidad puede convertir una conversación trivial en una experiencia gratificante en la que dos personas aprenden más la una de la otra. Aunque los introvertidos parezcan callados o tímidos, solo se diferencian de los extrovertidos en la forma en que sus cerebros absorben la información. Es probable que no haga cien preguntas en una cena si es usted introvertido. Aun así, si siente curiosidad por algo, hará algunas preguntas.

Utilice su curiosidad para entablar una conversación trivial. Haga preguntas que no sean demasiado personales o invasivas. En su lugar, obtenga información sobre lo que le gusta hacer a la otra persona y por qué le gusta. Haga las preguntas que se le ocurran mientras escucha atentamente sus respuestas.

Dirija la conversación

Establecer contacto diciendo "Hola" es fácil, pero mantener una conversación requiere habilidad. Los introvertidos suelen retraerse cuando se sienten incómodos en una situación social. Sin embargo, para liderar una conversación, hay que estar en ella, por pequeña que sea. La clave para que una conversación fluya es saber cuándo dirigir y cuándo escuchar. Los siguientes consejos le ayudarán a liderar la fluidez de una conversación trivial:

Sea usted mismo

Cuando los introvertidos intentan dirigir las conversaciones, a menudo parece que se esfuerzan demasiado, lo que no es natural ni auténtico. La clave está en no esforzarse tanto que suene falso o poco natural. En lugar de eso, sea usted mismo. De este modo, la gente reconocerá cuándo se está abriendo y siendo auténtico.

Si no está seguro de cómo hacerlo, piense en lo que le hace único. Puede que tenga una historia divertida sobre algo que le ocurrió en el trabajo o en la escuela o una cita de una película que siempre sale a relucir cuando alguien le pregunta qué hay de nuevo. Estas cosas le diferencian de los demás y son perfectas para una conversación trivial.

Haga preguntas dirigidas

Dirigir una conversación consiste en hacer preguntas, pero no vale cualquier pregunta al azar. Una buena pregunta debe ser dirigida y específica, como "¿Cuál es su sitio favorito para ir a tomar un café?" o "¿Has estado aquí antes?". Estas preguntas permiten a la otra persona compartir información sobre sí misma al tiempo que le ayudan a sentirse cómoda hablando con usted.

Haga preguntas que demuestren interés

Si alguien le dice que está tomando clases de español, pregúntele qué le parece. Se sentirán más conectados con usted y compartirán más información si saben que tienen a alguien que se interesa por lo que están aprendiendo.

Si alguien le dice que se acaba de mudar a la ciudad, pregúntele qué le ha llevado hasta allí. Pregúntele por su atuendo o sus joyas si quiere iniciar una conversación con un desconocido en un evento o una fiesta.

Les dará a ambos un tema fácil del que hablar y les ayudará a romper el hielo.

Haga afirmaciones sobre lo que le rodea

Hacer afirmaciones sobre lo que hay alrededor suele ayudar a abrir la conversación. Haga comentarios relevantes para la situación y que puedan interesar a la otra persona, como "Vaya, este helado está delicioso" o "Qué bien se está aquí fuera esta noche". Podría preguntarle qué piensa de ciertas cosas (como su atuendo o sus joyas), lo que debería hacer que volvieran a hablar.

Haga declaraciones sobre usted misma

Una de las mejores formas de retomar la conversación cuando alguien ha dejado de hablar es hacer afirmaciones sobre usted mismo. Una declaración puede ser tan sencilla como decir: "Oh, ¿a ti también te gusta ese grupo?" o "Estaba pensando en comprarme esas gafas de sol". Estos comentarios suelen ser seguros porque no son demasiado personales y no requieren mucho compromiso por parte de la otra persona.

Si alguien le hace una pregunta, respóndale brevemente y devuelva la conversación a esa persona. Por ejemplo, si alguien le pregunta cuántos años tiene, responda brevemente y luego diga: "Pero, ¿y usted? ¿Cuál es su historia?".

Ofrezca una salida para que hablen

Si no hace preguntas, al menos proporcione una salida para que la otra persona hable. Puede ser algo tan sencillo como asentir con la cabeza y decir "mm-hmm" o "sí" cuando digan algo interesante o informativo. No tiene por qué decir nada, pero saber que tienen a alguien escuchando hará que les resulte más fácil abrirse.

Haga que sus respuestas sean interesantes y atractivas

La charla trivial puede interrumpirse bruscamente si da respuestas poco interesantes a las preguntas de la persona. Si le preguntan cómo le ha ido el fin de semana, no diga "bien" y lo deje así. Dé algunos detalles. Diga: "Fue genial porque mis amigos y yo fuimos de excursión a las montañas. Subimos a la cima del pico más alto y vimos unas vistas impresionantes". Es una respuesta mucho mejor que "Estuvo bien".

También puede hacer preguntas de vuelta, haciendo que la conversación fluya más suavemente. Si empiezan a hablar de su fin de semana, pregúnteles qué hicieron y cómo les fue. De este modo, no tendrá que inventar nada más que decir. Ellos le dan la información a la que usted puede responder.

Es importante recordar que no todas las conversaciones tienen que ir sobre ruedas. A veces, se produce un silencio incómodo o la otra persona dice algo extraño o fuera de tema. En estos casos, no se asuste. Lo mejor es reconocerlo y seguir adelante. Por ejemplo, suponga que dicen algo que no guarda relación con el tema de discusión. En ese caso, podría decir: "Sí..." (con expresión de desconcierto) y seguir hablando de lo que viniera antes. Alternativamente, si le hacen una pregunta y no sabe cómo responder, dígalo; no finja ni invente una respuesta. La forma más fácil de manejar esta situación es decir: "No lo sé" o "Todavía no tengo una opinión al respecto". Puede parecer que está siendo sincero pero no útil, pero les dará la oportunidad de llegar a una solución en lugar de confiar en la suya.

Profundice en la conversación

La calidad de sus preguntas le ayudará a mantener la conversación. En lugar de hacer preguntas de "sí o no", haga preguntas de "¿por qué?" o "¿cómo?". Estas preguntas son más abiertas y darán a su interlocutor la oportunidad de explicar su razonamiento en lugar de darle una respuesta simple. Por ejemplo, si alguien le pregunta: "¿Cuál es su película favorita?" y usted responde: "La guerra de las galaxias", la conversación podría acabar ahí. Sin embargo, si le preguntan: "¿Por qué le gusta tanto La guerra de las galaxias?" o "¿Cómo se sintió cuando Luke Skywalker se entrenaba con Yoda en Dagobah por primera vez?", esto abre nuevas vías de discusión que de otro modo podrían no haber estado disponibles.

El quid de la charla trivial es destilar lo que alguien está diciendo hasta su núcleo para entender lo que es importante para él. Le ayuda a conocer mejor al otro y evita los momentos incómodos en los que una persona siente que no tiene nada más de qué hablar. Si se encuentra en un entorno de grupo, sea usted la persona que inicie las conversaciones. Si se produce un silencio incómodo, no lo deje estar; tome cartas en el asunto y diga algo. Saldrá de su caparazón y hará que la gente se sienta más cómoda a su alrededor porque saben que si no tienen nada que aportar, usted sí.

Reconozca las señales no verbales

Para ser un buen conversador, debe aprender a leer las señales no verbales de la gente. El lenguaje corporal (los movimientos y las posturas del cuerpo) puede indicar cómo se siente alguien con lo que está diciendo o cómo se siente con lo que ocurre a su alrededor. Con la práctica, puede aprender a responder adecuadamente a las señales sociales. Cuando entable una conversación trivial con alguien, preste atención a las siguientes señales no verbales:

Expresiones faciales

Si la persona sonríe y se ríe, probablemente se esté divirtiendo. Si fruncen el ceño o parecen serios, cambie de tema o de tono de conversación.

Si nota que alguien levanta las cejas, puede que esté sorprendido o confuso por lo que se ha dicho. Podría ser una oportunidad para aclarar lo que quería decir con su afirmación o hacer preguntas sobre por qué parecen tan sorprendidos.

Kinésica

La comunicación kinésica estudia el comportamiento no verbal, como los gestos y las expresiones faciales. Si es usted introvertido, es posible que tenga dificultades en las situaciones sociales que exigen conversaciones triviales. Sin embargo, hay formas de dirigir la conversación sin tener que hablar.

Por ejemplo, mirar el reloj o el teléfono cada pocos minutos da la impresión de que no está atento a lo que dicen los demás. Sin embargo, si levanta la vista y establece contacto visual con la persona que le habla, esta asumirá que está escuchando e interesado en lo que dice. También es buena idea prestar atención al lenguaje corporal. Si alguien cruza los brazos o da golpecitos con el pie cuando se pone nervioso o incómodo, le da la oportunidad de recuperar el aliento antes de empezar la siguiente frase.

Otra forma de verlo es asentir con la cabeza y decir "Mmm-hmm" o "Sí, continúe" cuando alguien está hablando. Demuestra que está escuchando e interesado en lo que dicen y les anima a seguir.

Sea alumno de los grandes conversadores

Los grandes conversadores son como los grandes artistas; han desarrollado un ojo agudo para los detalles y una capacidad para ver las cosas de forma diferente a la mayoría de la gente. Debe estudiar a esos grandes artistas de la conversación para convertirse usted mismo en un mejor conversador. Escuche con atención cuando sus amigos hablen de sus vidas o de lo que leen en las noticias, preste atención cuando conozca a gente nueva que le parezca especialmente interesante o carismática y tome nota de cómo se escriben sus programas de televisión o películas favoritas.

Se dará cuenta de que las grandes conversaciones son algo más que palabras; también tienen que ver con la energía y el lenguaje corporal. Tienen un flujo natural que mantiene a la gente comprometida y con ganas de más. Además, tienen lugar en el momento presente. Nunca oirá a un gran conversador decir: "En mis tiempos..." o "¿Recuerda cuando se podía comprar una casa por 50.000 dólares?". En su lugar, se centran en lo que está sucediendo ahora mismo. Esto no quiere decir que no deba hablar del pasado o del futuro. Le ayuda a evitar dar una respuesta genérica, que es lo que hace la mayoría de la gente cuando se le pregunta por algo del pasado. Ofrecen una respuesta de una sola línea como: "Me pareció genial" o "No fue tan bueno". Eso no engancha a la gente ni hace que quieran seguir con la charla.

Amplíe su respuesta cuando le hagan una pregunta sobre el pasado. Explique por qué le pareció estupendo o no tan bueno. Puede ser tan sencillo como "Sí, me pareció estupendo porque nos divertimos juntos e hicimos nuevos amigos". Esta respuesta atrae a la gente a la conversación porque quieren saber más sobre lo que pasó.

Cree un sistema de recompensas

Como introvertido, a veces solo hace falta un pequeño empujón para que dé el paso y empiece a hablar. Una forma sencilla es crear un sistema de recompensas. Por ejemplo, si habla con cinco personas en la fiesta, le darán un postre gratis, o cada vez que alguien le haga una pregunta y usted responda, le deberán un dólar (¡en su mente, por supuesto!). La clave es que la recompensa debe ser pequeña y tangible. No puede decir "me sentiré mejor conmigo mismo" como recompensa porque esto no le motivará a hacer nada concreto.

Si necesita un poco de ayuda para encontrar ideas para su sistema de recompensas, hágase algunas preguntas: ¿Qué me gusta hacer? ¿Qué me haría sentir bien en este momento? ¿Hay algo específico que quiera conseguir en esta fiesta que requiera hablar con la gente? Una vez que tenga una idea de su recompensa, escríbala y colóquela en algún lugar visible para que la recuerde.

Por último, escriba algunas cosas que quiera evitar. Estos son los comportamientos perjudiciales para su éxito social en esta fiesta. Algunos ejemplos son:

- Esconderse en un rincón y evitar el contacto visual con todo el mundo

- Ignorar a las personas que intentan hablar con usted

- Actuar como un introvertido (irse antes de tiempo, no hablar cuando hay conversaciones a su alrededor)

Como introvertido, puede ser duro consigo mismo si un encuentro en particular no resulta como esperaba. Si tuvo un mal encuentro en la fiesta, no insista en ello ni se castigue. En su lugar, piense en lo que podría haber hecho de otra manera para que las cosas fueran más fluidas. Practique estos consejos antes de futuras reuniones sociales para que se conviertan en algo natural. Además, recuerde que no es la única que se siente así. Muchos introvertidos sienten lo mismo que usted al socializar. Es difícil superar la timidez, pero ver cuánto placer y beneficio hay en entablar una conversación trivial merece la pena aprender a hacerlo.

Capítulo 4: Hacer: Los mejores temas para una charla trivial

Las conversaciones triviales pueden ser uno de los aspectos más intimidantes de cualquier interacción social. Después de todo, ¿qué decir si no conoce a nadie allí? Puede volverse rápidamente incómoda e incómoda sin temas adecuados de los que hablar. Por eso, familiarizarse con algunos de los mejores temas de conversación trivial es esencial para que las conversaciones fluyan y todo el mundo se lo pase bien. Este capítulo abarca algunos de los mejores temas para charlas triviales y cómo puede utilizarlos en las conversaciones cotidianas.

Resulta útil tomar notas de los temas para charlas triviales que puede sacar a relucir en una conversación

https://unsplash.com/photos/xxHDLWmc1wE

Cómo elegir los mejores temas para una charla trivial

Los temas de las conversaciones triviales pueden ser desde desenfadados y casuales hasta más serios. Elegir el tema adecuado para cualquier conversación depende de varios factores, como con quién esté hablando, el contexto de la conversación y su nivel de comodidad con los distintos temas.

Lea la sala

Una forma de determinar qué temas de conversación trivial se adaptan mejor a una situación concreta es observar de qué hablan los demás. Sacar a relucir los deportes es una buena idea si es un tema de discusión entre todos. Así se asegurará de que sus conversaciones encajen. Conocer el contexto social de una situación es vital para elegir los temas adecuados.

Conozca a su público

Si se encuentra en un entorno más formal o profesional, cíñase a temas menos controvertidos, como la actualidad, las atracciones locales y las aficiones. Por otro lado, si está hablando con amigos o familiares, siéntase libre de hablar de cualquier cosa que le interese. Independientemente de con quién esté hablando, elegir temas que creen un ambiente abierto y amistoso es vital.

Temas desenfadados

Muchas personas disfrutan discutiendo temas desenfadados durante las conversaciones triviales. Estos temas pueden incluir libros o películas que hayan leído o visto recientemente, planes para el fin de semana, destinos de vacaciones recientes o anécdotas divertidas. Los temas desenfadados son una forma estupenda de romper el hielo y mantener la conversación.

La zona de confort

Otro factor esencial a tener en cuenta para los temas de conversación trivial es lo cómodo que se siente usted hablando de ciertos temas. Si un tema le incomoda, es mejor evitar sacarlo a relucir y optar en su lugar por otro más familiar. Así se asegurará de que la conversación transcurra sin pausas incómodas ni momentos de tensión.

Juegue con sus puntos fuertes

Si se siente más cómodo hablando de libros que de películas, asegúrese de que es el tema que saca a relucir en las conversaciones. Cuando se siente seguro con el tema, todos los implicados se sienten a gusto y pueden pasar con naturalidad a otros temas si es necesario. Esto hace que la conversación sea más interesante para ambas partes, ya que aprenden algo nuevo o exploran un ángulo diferente sobre un tema conocido.

Relacionarse

Siempre es esencial encontrar puntos en común con su interlocutor. Si mencionan una experiencia o un interés compartido, aprovéchelo como una oportunidad para profundizar en la conversación y conectar. Haga preguntas sobre sus experiencias y encuentre valores compartidos más profundos. Entablar una conversación sobre algo que les interese a ambos es la mejor manera de generar confianza y compenetración. Mostrando un interés genuino por la otra persona, será más probable que se abra y mantenga una conversación agradable.

Por último, recuerde ser usted mismo. La gente se da cuenta cuando usted no es genuino, por lo que sus conversaciones deben ser naturales y auténticas. No tema mostrar sus verdaderos colores; después de todo, las conversaciones atractivas consisten en establecer conexiones significativas con otras personas.

Los temas más comunes de las conversaciones triviales

El arte de la charla trivial es una de las habilidades más vitales que puede aprender, sobre todo si quiere causar una gran impresión. Ya sea en eventos de networking, primeras citas o conversaciones con desconocidos, la charla trivial puede ayudar a romper el hielo y dar lugar a conversaciones significativas.

Independientemente de la situación, los temas de la charla trivial son esenciales para mantener una conversación significativa. Elegir el adecuado crea un ambiente en el que todos se sienten incluidos y las conversaciones fluyen con naturalidad. Saber qué temas sacar a colación en diferentes entornos y jugar con sus puntos fuertes puede contribuir en gran medida a crear conversaciones agradables con amigos, familiares o incluso desconocidos.

Ahora que ya conoce los conceptos básicos, veamos algunos de los mejores temas de conversación trivial que puede sacar a relucir en cualquier situación.

Películas y programas de televisión

Las películas y los programas de televisión son temas estupendos para iniciar una conversación. Con tantos géneros, servicios de *streaming* y un sinfín de contenidos disponibles, todo el mundo tiene algo en común de lo que puede hablar, ya sea el último éxito de taquilla o un viejo favorito.

El visionado por atracones se ha hecho cada vez más popular en los últimos años, con servicios de *streaming* como Netflix que ofrecen temporadas enteras de programas de una sola vez. Así, es fácil ver varios episodios de una sentada. Como resultado, muchas personas disfrutan comentando sus series favoritas y debatiendo sobre las que merece la pena ver. Cuando el "maratón de series" sea un tema de conversación, puede hacer preguntas como: "¿Cuáles han sido sus series favoritas para darse un atracón?" o "¿Cuál cree que es la mejor serie que hay actualmente en Netflix?". ¿Prefiere las comedias o los dramas?

A todo el mundo le gusta una gran película, y constantemente se estrenan nuevas películas, y esto es algo que la gente disfruta comentando. La gran pregunta es: "¿Cuáles son las mejores películas para ver?". Puede dar un paso más preguntando cuáles son las películas favoritas de la otra persona de todos los tiempos o qué estrenos recientes han sido sus favoritos. Estas preguntas pueden llevarle por un camino interesante y proporcionarle muchos temas de conversación.

Discutir los trailers con más detalle puede avivar la conversación. Puede hablar de sus primeras impresiones, especular sobre puntos de la trama o entusiasmarse con lo que parece que será una gran película. Hablar de los tráilers es una forma estupenda de mantenerse al tanto de lo que se va a estrenar y proporciona muchos temas de conversación para los amantes del cine. Siempre es una forma estupenda de hacer hablar a la gente y a menudo conduce a otros temas de conversación.

Medios sociales

Los medios sociales se han convertido en una parte integral de nuestras vidas, por lo que no es de extrañar que sea un tema popular para una pequeña charla. Puede iniciar conversaciones sobre las últimas tendencias o características o preguntar qué plataforma prefieren y por qué. Hablar de cómo utiliza la gente las redes sociales puede ser una forma estupenda de conocer mejor a alguien. Preguntar por sus cuentas o personas influyentes favoritas es un excelente punto de entrada a conversaciones más significativas.

Música

Si es aficionado a la música, hablar de su género o grupo favorito puede ser la forma perfecta de iniciar una conversación. Hablar de los gustos musicales permite conocer mejor la personalidad y los intereses de alguien. Desde el rock indie hasta el rap, sin duda hay algo que ambas partes pueden disfrutar discutiendo. Haga preguntas sobre qué canciones les gustan, sus artistas favoritos y por qué les gustan tanto. Comparta anécdotas de conciertos a los que haya asistido o álbumes con recuerdos especiales.

Las actuaciones en directo son otra forma estupenda de hablar de música con los demás. Ir a conciertos brinda la oportunidad de estrechar lazos a través de experiencias compartidas, y hablar de espectáculos pasados es una forma divertida de rememorar recuerdos. Pregúntese unos a otros sobre conciertos recientes. "¿Han asistido a algún gran espectáculo últimamente?" o "¿Cuál es el mejor espectáculo que han visto?".

Por último, los vídeos musicales son un gran tema para explorar. Los vídeos musicales permiten conocer la visión creativa y el estilo del artista. Hable de los efectos visuales del vídeo en cuanto a color, iluminación y otros elementos. ¿Tiene el vídeo un mensaje o tema general? ¿Qué cree que intentaban transmitir con su arte? Podrían verlo juntos para divertirse y ver si les llama la atención algo inusual o divertido. Si se trata de un vídeo humorístico, aprovechen para reírse juntos de los chistes y hacer comentarios tontos sobre lo que ocurre en la escena. Tanto si sus gustos musicales se inclinan por el rock clásico como por la EDM, hablar de música puede ser una forma estupenda de conocer mejor a alguien.

Deporte y forma física

Los deportes y el fitness son grandes temas de conversación para conocer a alguien a cualquier nivel. Ya sea hablando de nuestros equipos, jugadores o momentos deportivos favoritos, comentando rutinas de ejercicio, consejos para ponerse en forma o recapitulando acontecimientos pasados y próximas competiciones, estas conversaciones pueden abrir todo un mundo de posibilidades.

En cuanto a equipos y jugadores, hay mucho de lo que hablar. ¿Qué equipos le gustan? ¿Quiénes son sus jugadores favoritos? ¿Desde cuándo los sigue? ¿Cuál fue el partido o el momento más emocionante con ellos? ¡Estas preguntas pueden dar lugar a conversaciones fascinantes que duren horas!

Los entrenamientos y el ejercicio son otra forma estupenda de iniciar una conversación. Puede hablar del ejercicio que hace o incluso pedirle a la persona que le dé algunos consejos para mantenerse en forma. Comparen sus rutinas de ejercicio y hablen de técnicas para ayudarse mutuamente.

Hablar de las próximas competiciones y eventos o recapitular los pasados es una excelente oportunidad para hacer que la gente charle. Es divertido especular sobre quién ganará y por qué o revivir los momentos emocionantes de partidos anteriores. Estas conversaciones no solo son entretenidas, sino que también pueden ser muy educativas.

Viajes

Otro divertido tema de conversación son los viajes. A la gente le encanta hablar de sus lugares favoritos que han visitado o que quieren visitar. Puede hacer preguntas sobre qué lugares les gusta explorar, dónde han estado y qué lugares les han dejado huella. Si no ha viajado mucho, es una forma estupenda de aprender más sobre las diferentes culturas, ciudades y estilos de vida de todo el mundo. Puede hablar de los próximos viajes o de las actividades que a la gente le gusta hacer mientras viaja. ¿Prefieren hacer turismo o descansar en la playa? ¿Qué comidas les gustan en los distintos países?

Podría hablar del tipo de viajero que son o compartir consejos para conocer un destino concreto. Si tienen gustos similares en cuanto a experiencias de viaje, aprovechen esta oportunidad para hablar de viajes que podrían hacer juntos.

Hablar de comida es otro tema divertido relacionado con los viajes. Haga preguntas como ¿Qué cocinas probó? ¿Recibió alguna recomendación de los lugareños sobre dónde comer? ¿Se encontró con algún plato interesante que le sorprendiera? Estas preguntas permiten a ambas partes compartir sus experiencias e intercambiar anécdotas gastronómicas. Ya sea para hablar de futuros planes de viaje, de viajes pasados o simplemente para escuchar los diferentes lugares en los que alguien ha estado, hablar de viajes es siempre un interesante tema para iniciar una conversación.

El tiempo

Uno de los temas de conversación más habituales es hablar del tiempo, un tema más ligero que puede suscitar conversaciones interesantes. Empiece preguntando qué clima prefieren y por qué; podría dar lugar a una conversación en profundidad sobre sus lugares, actividades o climas favoritos.

Hable de qué estación les gusta más, si el invierno o el verano. "¿Cómo les gusta pasar el tiempo cuando fuera hace frío?" o "¿Cómo suelen pasar los veranos?". Podría ser una excelente oportunidad para planificar juntos actividades al aire libre.

Si se siente aventurero, saque el tema del tiempo salvaje, como los tornados o los huracanes. Hágales preguntas como "¿Has estado alguna vez en un tornado?" o "¿Cuál es la tormenta más loca que ha visto?". Estos temas suscitarán un montón de historias emocionantes.

Familia

La familia es un tema increíblemente esencial y puede ser un gran iniciador de conversaciones. Podría empezar preguntando cuántos hermanos tienen, a qué se dedican sus padres o incluso rememorando los momentos más divertidos con los miembros de la familia. Es una excelente oportunidad para hablar de tradiciones familiares o de historias transmitidas de generación en generación. "¿Cómo recuerda su infancia?" o "¿Tiene alguna receta familiar favorita?".

Podría charlar sobre las vacaciones familiares pasadas y las cosas más locas durante esos viajes y pedirles que compartan anécdotas divertidas de esas experiencias. Hable de las tradiciones de cada miembro de la familia; esto le permitirá conocer mejor su historia personal y establecer un vínculo más estrecho con ellos.

Hablar de las próximas vacaciones o de otras ocasiones especiales como cumpleaños y aniversarios puede unir a la gente en la conversación. Hágales preguntas como "¿Cuál es su fiesta favorita?" o "¿Cómo suele celebrar las ocasiones especiales con su familia?". La familia puede ser una buena oportunidad para romper el hielo. Pregúnteles por las cosas más divertidas que hacían sus padres cuando eran niños, o compare y contraste diferentes estilos de crianza. ¿Quién sabe? Puede que incluso obtenga algunas ideas nuevas para su propia familia.

Trabajo

El trabajo puede ser un gran tema de conversación, sobre todo cuando se habla de proyectos profesionales. Hágales preguntas como: "¿En qué proyecto está trabajando actualmente?" o "¿Qué se ve haciendo en el futuro en su carrera?". El trabajo le ayudará a iniciar la conversación y le permitirá conocer mejor las ambiciones y objetivos del otro.

Le dará la oportunidad de ofrecer consejos o apoyo que puedan ayudarles a alcanzar sus metas. Otro gran tema de trabajo es el equilibrio entre el trabajo y la vida privada. Se trata de un tema crucial para la mayoría de las personas, por lo que hablar sobre cómo navegar por su carga de trabajo sin dejar de encontrar tiempo para usted y sus seres queridos puede ser una verdadera experiencia de unión. Quién sabe, quizá haya algo que puedan aprender unos de otros para sacar el máximo partido a la vida.

Cotilleos de famosos

Los cotilleos de los famosos son siempre un tema divertido del que hablar. Es emocionante estar al día de los últimos lanzamientos y tendencias en los que participan los famosos. A la hora de hablar de los nuevos lanzamientos, podría empezar comentando qué películas se han estrenado recientemente o qué canciones encabezan las listas de éxitos. Haga preguntas como: "¿Qué le ha parecido el último estreno de la película?" o "¿Tiene alguna canción favorita de este disco?". Conocer los gustos del otro es estupendo.

Hablar de las galas de premios es otra forma divertida de iniciar la conversación. Pregunte: ¿Quién cree que debería haber ganado un premio en la gala? ¿Cuáles fueron algunos de los momentos más memorables? ¿Qué le parecieron las actuaciones?

Hable de las tendencias de moda que lucen los famosos. Hable de lo que es tendencia en términos de ropa de calle o en la alfombra roja. Pregunte: "¿Quién crees que llevaba el mejor atuendo en el desfile?" y "¿Cuál era su look favorito de la colección de esta temporada?".

Tecnología

La tecnología es un gran tema para discutir con alguien, ya que evoluciona constantemente y puede abrir muchas conversaciones interesantes. Puede hablar de los últimos gadgets, de los avances en software o incluso de sus aplicaciones favoritas.

Cuando hable de gadgets, pregúnteles qué hardware poseen. ¿Cómo ha sido su experiencia con este dispositivo? ¿Cuáles creen que son sus puntos fuertes y débiles? Podría disfrutar de animados debates sobre qué aparatos son los mejores o por qué hay que tener en cuenta ciertas características a la hora de comprar uno nuevo.

En cuanto al software y las aplicaciones, hablar de las tendencias actuales o de las actualizaciones recientes puede hacer que la gente comparta sus opiniones sobre programas o servicios concretos. Puede haber una aplicación que ambos utilicen con regularidad o una que les haya llamado la atención recientemente. Comparen las características de cada una y discutan cuál es mejor para tareas específicas.

Las plataformas de medios sociales son otro gran tema a explorar cuando se habla de tecnología. ¿Qué plataformas utiliza? ¿Hasta qué punto es activo en ellas? ¿Han cambiado estas aplicaciones la forma en que las personas interactúan entre sí o han influido en su vida cotidiana? Es interesante escuchar las diferentes perspectivas de la gente y aprender nuevas formas de utilizar las herramientas existentes.

Aficiones

Las aficiones son excelentes para iniciar una conversación y conocer a alguien más a fondo. Pregúnteles qué les gusta hacer en su tiempo libre, como leer, escribir, practicar deportes o hacer senderismo. Incluso puede hacer preguntas concretas sobre las actividades que más les interesan. Por ejemplo: "¿Qué tipo de literatura le hace pasar las páginas?" y "¿Qué deporte practica?".

Hablen de pasatiempos que tengan en común. Cuando hablen de ustedes pueden estrechar lazos instantáneamente por los intereses y experiencias compartidos. Pregúnteles: "¿Qué es lo mejor de su (afición)?" o "¿Cuánto tiempo lleva haciendo esto?". Siga hablando de sus aficiones para poder compartir historias y experiencias.

Ciudad natal

Hablar de la ciudad natal siempre resulta interesante cuando se aprende más sobre las raíces y la cultura de alguien. Hágales preguntas como "¿Qué es lo que más echa de menos de su ciudad natal?" o "¿Cuáles son algunos de los lugares emblemáticos que la gente debería visitar si alguna vez va allí?". Comprenderá sus orígenes y lo que les hace únicos.

Hable de los cambios que ha experimentado su ciudad natal a lo largo de los años, de cómo ha evolucionado y de cómo ha cambiado sus vidas. Hablar de experiencias y recuerdos pasados puede ser una gran experiencia de unión para ambas partes. Le dará ideas sobre lugares que visitar cuando viaje. La gastronomía local es un gran tema para sacar a colación cuando se habla de las ciudades de origen: ¿cuáles son sus platos y restaurantes favoritos? Siempre puede preguntar si tienen alguna joya escondida que debería visitar.

Todo el mundo tiene una historia única, y su trabajo consiste en escuchar y participar. Cuanto más sepa sobre la ciudad natal de alguien, más podrá conectar emocionalmente con él. Así que no tema hacer preguntas, sienta curiosidad y explore.

Salud

La salud es un tema importante para hablar con los demás. Puede hablar de nutrición y dieta, bienestar mental o rutinas de ejercicio. Discuta qué alimentos son los mejores para su cuerpo, cómo mantenerse sano y mantener su bienestar mental, y explore diferentes rutinas de ejercicio para ayudar a las personas a mantenerse en forma y sanas.

Haga preguntas como: "¿Qué rutina de ejercicios sigue?" o "¿Tiene algún consejo para llevar un estilo de vida más saludable?". Estas preguntas le ayudarán a conocer mejor los hábitos de salud de alguien y podrían darle algunos consejos útiles para mantenerse sano. Hable de la importancia de la salud mental y de cómo mantenerla. Por ejemplo, pregunte: "¿Qué le ayuda a mantenerse positivo?" o "¿Qué hace cuando se siente abrumado?". Esto fomenta un diálogo positivo sobre la salud mental y crea un espacio seguro para que ambas partes expresen sus pensamientos.

La conversación trata de la conexión. Independientemente de los temas que decida tratar con alguien, es necesario mantener una actitud abierta y respetuosa. El objetivo es conocerse mejor, así que mantenga la mente abierta y escuche activamente; intente no centrarse demasiado en un solo tema.

Por último, recuerde que la conversación debe ser siempre una calle de doble sentido. Después de hacer preguntas sobre sus aficiones, su ciudad natal o su salud, usted también debe ofrecer sus historias. Esto crea un diálogo equilibrado que fomenta el intercambio significativo y la conexión entre ambas partes.

Capítulo 5: No lo haga: los peores temas para una charla trivial

Todo el mundo sabe cómo entablar una conversación trivial y tiene algunos temas de los que hablar para romper el hielo e iniciar una conversación. Es una de esas reglas sociales arraigadas en ellos desde la infancia. Pero, ¿qué ocurre cuando la conversación se vuelve demasiado personal? Muchos temas son inapropiados para una conversación ligera con un desconocido. Si se está desviando hacia una de estas áreas incómodas, lo mejor es dirigir la conversación en otra dirección.

Saber de qué no hablar es crucial para conversar

De qué no hablar

Saber qué se considera material de conversación apropiado cuando se habla con alguien que no se conoce puede ser todo un reto. Lo mejor es evitar hablar de temas que puedan ser demasiado personales, controvertidos o delicados para evitar conversaciones incómodas o embarazosas. Este capítulo explora los peores temas de conversación trivial y cómo evitarlos.

Política

Uno de los temas de conversación trivial más notorios que hay que evitar es la política. Puede resultar difícil sacar temas políticos de forma educada y respetuosa, sobre todo cuando se habla con alguien que puede no compartir sus puntos de vista. Las conversaciones políticas pueden acalorarse rápidamente y es mejor mantenerlas fuera del ámbito de la charla trivial. En su lugar, céntrese en temas que unan a la gente, como aficiones compartidas, preferencias musicales o experiencias de viaje. Hacerlo ayuda a crear una atmósfera más positiva y ofrece mejores oportunidades para conocer a alguien. Independientemente del tema de conversación, es esencial ser atento y cortés al hablar con un desconocido. Escuchar atentamente y hacer preguntas reflexivas demuestra que está realmente interesado en la otra persona. Un diálogo respetuoso ayudará a evitar que los temas políticos se conviertan en una discusión y le permitirá conectar a un nivel más significativo.

Religión

La religión es otro tema de conversación que puede resultar rápidamente incómodo. Las distintas culturas y religiones suelen tener creencias diferentes, por lo que discutir sus diferencias en detalle es inapropiado para una charla trivial. Por ejemplo, cuando hable de religión con un desconocido, es mejor centrarse en los puntos en común entre las distintas creencias en lugar de debatir sobre las diferencias. También es importante evitar discutir temas controvertidos relacionados con la religión, como la política o la moral. Aunque tenga opiniones firmes sobre estos temas, compartirlas durante una charla trivial es inapropiado. En su lugar, céntrese en expresar su apoyo a las creencias de la persona y en hacer preguntas sin juzgarla. Creará un ambiente respetuoso y agradable para la conversación.

Aunque lo mejor es evitar hablar de religión durante una charla trivial, a veces puede resultar difícil. Si nota que la conversación deriva hacia temas religiosos, es importante ser sensible y tener en cuenta las creencias de la otra persona. Reconozca respetuosamente su fe, pero tome medidas para reconducir la conversación hacia temas más apropiados. De este modo, ambas partes podrán disfrutar de un diálogo agradable y respetuoso sin sentirse incómodas o juzgadas.

Dinero y deudas

El dinero es un tema que debe evitarse en las conversaciones triviales. Hablar de finanzas personales puede hacer que incluso la persona más segura de sí misma se sienta ansiosa o avergonzada. Además, puede ser de mal gusto e incomodar a la otra persona. Es mejor evitar por completo los temas relacionados con el dinero cuando se entabla una conversación trivial. Si la otra persona saca el tema, céntrese en temas generales como las tendencias económicas o los acontecimientos de actualidad en lugar de ahondar en asuntos personales. Puede hablar de la inflación y de los mercados laborales sin entrar en temas demasiado personales. De este modo, se mantendrá alejado de los aspectos más delicados del dinero y seguirá manteniendo una conversación amena y atractiva.

Asimismo, es de mala educación preguntar a la otra persona a qué se dedica, a menos que esté claro que le parece bien hablar de su trabajo. Evite temas como el salario o cuánto cuestan las cosas. También es mejor evitar hablar de inversiones y planes fiscales, ya que pueden ser temas muy delicados. En su lugar, céntrese en los aspectos positivos del trabajo y evite cualquier cosa demasiado personal.

Puede tener la tentación de hablar de acciones u otras inversiones que le hayan funcionado. Sin embargo, esto puede hacer que la otra persona se sienta inadecuada o excluida. La clave está en centrarse en temas amplios que no sean demasiado personales o intrusivos.

Recuerde que el dinero no debe utilizarse como barómetro de la valía de alguien. Evite hacer suposiciones o juicios sobre la situación financiera de alguien. Las personas de todos los niveles de ingresos pueden ser compañeros de conversación interesantes y atractivos, así que céntrese en encontrar puntos en común en otros temas. Evitar las discusiones relacionadas con el dinero garantiza que todos se sientan cómodos e incluidos en la conversación.

Sexo

Otro tema que debe evitarse en las conversaciones triviales es el sexo. Es un tema delicado del que es mejor hablar cuando ambas partes se conocen considerablemente bien. Incluso entonces, debe hacerse con precaución y respeto. Lo último que quiere hacer es que alguien se sienta incómodo, avergonzado o juzgado.

No es apropiado hacer insinuaciones o bromas sexuales durante una conversación trivial. Recuerde que algunas culturas y religiones tienen opiniones más conservadoras sobre el sexo, por lo que es esencial ser consciente del contexto y evitar mencionarlo.

Cuando hable con un desconocido, es mejor mantener conversaciones ligeras y evitar discutir cualquier cosa relacionada con el sexo, incluyendo la orientación sexual, las preferencias sexuales, las experiencias sexuales, las relaciones y cualquier otra cosa que pueda interpretarse como ofensiva o inapropiada. Si plantean el tema en la conversación en primer lugar, tome sus indicaciones sobre hasta dónde puede llegar con este tema antes de buscar un tema de discusión alternativo.

Los buenos modales y el sentido común guiarán sus conversaciones en estas situaciones. Siendo consciente de sus palabras y escuchando atentamente, puede asegurarse de que sus conversaciones sigan siendo ligeras, amistosas y agradables.

Cuestiones de pareja

En lo que respecta a las conversaciones triviales, los temas de relaciones están definitivamente fuera de la mesa. Compartir detalles sobre su relación o la de otra persona es una forma segura de crear una conversación incómoda. Los temas de relaciones incluyen hablar de rupturas, problemas familiares u otros temas delicados que puedan incomodar a la persona. Nunca hable mal de su pareja ni se queje de ella, ya que esto puede considerarse una falta de respeto, especialmente si acaba de conocer a la persona. Discutir sus problemas de pareja o los de otra persona en una conversación trivial es inapropiado.

Es mejor evitar estos temas por completo; en su lugar, céntrese en temas más desenfadados. Siempre es de buena educación hacer preguntas abiertas que inviten a la persona a compartir historias o experiencias positivas en lugar de indagar en temas potencialmente desencadenantes. Recuerde que ofrecer una sonrisa y mostrar amabilidad al hablar con alguien es siempre acogedor.

Chistes verdes

Aunque los chistes verdes son divertidos o entretenidos para algunos, recuerde: *no todo el mundo los encontrará apropiados.* Es mejor mantenerse alejado de los chistes que puedan resultar ofensivos o groseros cuando se entabla una conversación trivial. Esto no significa que el humor no sea bienvenido en las conversaciones triviales, pero es preferible que se haga con respeto y buen gusto. Los chistes verdes pueden hacer reír a todo el mundo, pero es mejor reservarlos para los amigos y la familia, donde sabe que serán apreciados.

Guarde los chistes verdes para entornos más apropiados para que la conversación sea más fructífera y cómoda. No todo el mundo tiene el mismo sentido del humor, así que tenga cuidado con los chistes que cuenta. La charla trivial debe consistir en encontrar puntos en común, así que cíñase a temas con los que usted y la otra persona puedan relacionarse positivamente.

Chistes internos

Los chistes internos son estupendos para hacer reír a amigos y familiares, pero no deben utilizarse en conversaciones con desconocidos. La gente no solo no los entiende, sino que también puede sentirse excluida o dejada de lado. Los chistes internos no son adecuados para las conversaciones triviales. Son chistes que solo tienen sentido para quienes han vivido la situación en primera persona y pueden resultar desagradables para quienes no están incluidos. Por ejemplo, si habla de un incidente gracioso que le ocurrió a usted y a sus amigos, la otra persona no entenderá el chiste y no tendrá ni idea de lo que está hablando. Podría hacerles sentir incómodos o incluso ofendidos.

Lo mismo ocurre con las referencias a películas, programas de televisión y otras culturas populares. No todo el mundo habrá visto las mismas películas que usted o los mismos programas de televisión, por lo que estas referencias suelen perderse para los desconocidos. Del mismo modo, la jerga y las referencias culturales pueden resultar difíciles de descifrar para personas de diferentes orígenes o partes del mundo. Céntrese en temas con los que todo el mundo pueda relacionarse, como la cultura pop, la actualidad y los deportes.

Apariencias físicas

En general, es mejor evitar los temas relacionados con la apariencia física durante las conversaciones triviales. Evite hacer comentarios sobre la ropa, el pelo, el maquillaje o la figura de alguien. Estos temas podrían considerarse groseros e intrusivos, y es posible que hiera profundamente los sentimientos de la otra persona.

Halagar a alguien por su aspecto físico es una de las formas más rápidas de ponerle en un aprieto; aunque sea un comentario amable, puede incomodarle. En su lugar, céntrese en aspectos de su personalidad o intereses para mostrar aprecio y hacer que se sienta bien.

Es igualmente importante ser consciente de cómo podría interpretarse su aspecto. Por ejemplo, si va vestido especialmente bien o lleva mucho maquillaje, podría considerarse superioridad o exceso de indulgencia. Si va vestida de forma demasiado informal para la situación, podría verse como una falta de respeto. Por lo tanto, vístase y acicálese siempre de forma que ponga a todo el mundo a gusto.

Mostrando respeto a los demás y sabiendo cómo podría interpretarse su aspecto, podrá dirigir fácilmente la conversación en una dirección más apropiada. En última instancia, se trata de crear un ambiente cómodo, acogedor y mutuo para todas las partes.

Relaciones pasadas

Cuando converse con alguien, lo mejor es evitar hablar de ex parejas o de relaciones pasadas. Hablar de divorcios, rupturas y relaciones pasadas complicadas suele convertirse en una conversación incómoda y es probable que incomode a la otra persona, sobre todo si no la conoce bien.

Hablar de maltrato doméstico o de otros traumas emocionales que usted o la otra persona hayan sufrido es inapropiado y los recuerdos dolorosos pueden resurgir rápida e indeseadamente. En su lugar, céntrese en conocer a la otra persona y absténgase de charlas que puedan incomodarla. Respete su intimidad y sea consciente de las cosas de las que habla. Si surge el tema, recuerde ser sensible y amable. Mantener conversaciones ligeras y amenas es la mejor manera de hacer de la charla trivial una experiencia positiva para ambas partes.

Algunos temas es mejor dejarlos para conversaciones más profundas y significativas con amigos íntimos o familiares. Recuerde que las charlas triviales deben ser ligeras y amistosas, por lo que es mejor evitar los temas pesados que puedan dar lugar a una conversación desagradable. Abstenerse de este tema ayudará a garantizar que sus interacciones sean agradables para todos los implicados.

Niños

Los niños son una gran fuente de alegría en la vida de muchas personas, pero hablar de ellos en conversaciones triviales no siempre es la mejor idea. Resulta incómodo preguntar a alguien cuántos hijos tiene o si piensa tener alguno. Usted no conoce la situación familiar de la persona, así que lo mejor es evitar los temas potencialmente delicados.

En su lugar, céntrese en temas relacionados con los niños sin ser demasiado directo. Una buena forma de hablar de los niños sin entrar en temas demasiado personales es preguntar a la persona sobre estrategias de crianza como la disciplina o la nutrición. Puede preguntar sobre los recuerdos favoritos de la infancia de la persona. Esto abre una conversación que puede ser una forma interesante y divertida de conocer mejor a alguien.

Del mismo modo, hablar de sus hijos puede hacer que la otra persona se sienta excluida o que no forma parte de la conversación. En su lugar, hable de temas relacionados con los niños de forma más amplia. Por ejemplo, hable de los acontecimientos actuales relacionados con los niños o de las últimas tendencias educativas.

Temas de salud

Hablar de la muerte, la enfermedad o cualquier pérdida traumática no debe tomarse a la ligera. Puede ser un reto hablar de ello, ya que a menudo hace aflorar emociones difíciles y dolorosas. Incluso si conoce a la persona razonablemente bien, sigue siendo inapropiado sacar estos temas. Aunque es posible charlar sobre la muerte o el duelo con sensibilidad, por lo general estas conversaciones deben reservarse para las personas especialmente cercanas. Si está hablando con un desconocido, es mejor evitar por completo esta discusión.

Recuerde que muchas personas luchan con problemas de salud mental, y hablar de ello con alguien que no conoce muy bien puede ser desencadenante. Si surge el tema de la salud o la enfermedad mental, es mejor andar con pies de plomo y ser sensible a los sentimientos de la otra persona.

Esto puede resultar complicado cuando se habla de salud en general, ya que la mayoría de la gente no quiere divulgar demasiado sobre sus problemas médicos. Lo mejor es preguntar a la persona si se siente cómoda hablando del tema antes de profundizar en él. La salud de todo el mundo es un asunto muy confidencial, y las conversaciones al respecto pueden hacer que la otra persona se sienta incómoda o expuesta, sobre todo si se trata de problemas de salud más graves.

Temas sociales controvertidos

Muchos temas controvertidos, como el aborto o el control de armas, pueden ser un reto. Estas conversaciones pueden acalorarse muy rápidamente, por lo que es mejor evitarlas por completo al entablar conversaciones triviales. Es importante comprender que cada uno tiene sus propias creencias y opiniones, por lo que discutir sobre ellas no siempre puede conducir a una conversación agradable. Incluso si la otra persona está de acuerdo con usted, podría sentirse atacada o incómoda si la discusión se vuelve agresiva.

Muchos prefieren no dar su punto de vista sobre los derechos LGBTQ+, el aborto, la religión, las cuestiones electorales y los temas raciales en público o entre desconocidos. Temen ser juzgados y criticados o no se sienten lo suficientemente cómodos para entablar estas discusiones.

También hay que tener en cuenta que algunas personas son más abiertas que otras a la hora de hablar de temas delicados. Por lo tanto, si la persona está dispuesta a entablar un debate respetuoso sobre uno de estos temas, puede continuar la conversación; sin embargo, es mejor cambiar de tema si percibe alguna tensión. Se recomienda no abordar temas sociales controvertidos durante una charla trivial para evitar posibles incomodidades o torpezas.

Cotilleos y rumores

Los cotilleos y la difusión de rumores pueden dañar la reputación de una persona y deben evitarse cuando se entabla una conversación trivial. Aunque pueda parecer inofensivo, el cotilleo puede convertirse rápidamente en malicioso, y lo último que quiere hacer es herir los sentimientos o la reputación de alguien con palabras ociosas. En su lugar, cíñase a temas más ligeros como la actualidad, las películas, los libros y la música.

Cotilleos de famosos

Los cotilleos sobre famosos son uno de los temas más comunes que pueden salir a relucir durante una charla trivial. Pero en las conversaciones con desconocidos, deben evitarse los cotilleos sobre famosos. Los cotilleos sobre famosos pueden convertirse a menudo en un terreno resbaladizo de discusiones controvertidas y no deseadas. A menudo, las personas que no están familiarizadas entre sí tienen opiniones muy diferentes sobre la misma celebridad o situación, lo que podría desembocar en un altercado acalorado y feo.

Por ejemplo, supongamos que está hablando con alguien que es un gran admirador de Ronaldo y saca a colación una reciente polémica en torno a él. En ese caso, su pequeña charla podría convertirse rápidamente en una discusión.

Algunas celebridades son famosas entre los Gen-Zers y pueden no serlo para las generaciones mayores, por lo que cotillear sobre ellas podría dar lugar a confusiones y malentendidos.

Además, existe la posibilidad de que existan diferentes antecedentes culturales y opiniones que podrían no tenerse en cuenta cuando se habla de cotilleos sobre famosos con alguien a quien no se conoce. Los famosos también son personas y hablar negativamente de ellos puede considerarse una falta de respeto.

En general, es mejor evitar estos temas cuando se entabla una conversación trivial. Al hablar de temas específicos, cada persona tiene límites y niveles de comodidad diferentes, así que ajuste su conversación en consecuencia. Un poco de cortesía puede contribuir en gran medida a que las conversaciones sigan siendo desenfadadas y agradables. Con la actitud adecuada, puede hacer de las conversaciones triviales una experiencia agradable para ambas partes.

Formas no verbales de evitar una conversación incómoda

A veces resulta difícil alejar la conversación de un tema incómodo. Sin embargo, puede optar por algunas formas no verbales de minimizar la incomodidad sin abordarla directamente.

Cambie la postura corporal

Cuando una conversación le resulte incómoda, puede ser útil apartarse sutilmente de la otra persona. Gire su cuerpo en ángulo o cruce los brazos, lo que crea una barrera visual sin que tenga que decir nada ni cortar la conversación.

Su expresión facial puede ser un poderoso indicador de que no le interesa el rumbo de la conversación. Ponga una cara sutil y neutra y evite responder con emociones u opiniones.

Del mismo modo, busque indicios de que la otra persona se siente incómoda. Suponga que se apartan de usted, cruzan los brazos o miran con frecuencia hacia otro lado. En ese caso, es señal de que no están interesados en la conversación. Preste atención a su lenguaje corporal y adáptese en consecuencia.

Tome la iniciativa para dirigir la conversación en otra dirección si se siente incómodo. Haga preguntas a la persona que le lleven a temas más positivos. Puede crear una atmósfera de comodidad y apertura para establecer una buena relación con la otra persona.

Tono de voz

El tono de su voz es esencial para evitar conversaciones desagradables. Hable de forma suave y agradable para ayudar a crear una atmósfera más relajada. Evite los tonos altos o agresivos, ya que pueden hacer que la conversación resulte incómoda y distraer a las personas para que no continúen la conversación. Mantenga un volumen moderado y recuerde sonreír cuando hable, ya que la sonrisa puede marcar una gran diferencia. Sea siempre cortés y respetuoso cuando hable con alguien, aunque no le resulte especialmente familiar o no esté de acuerdo con sus opiniones. Ser cortés ayuda a garantizar que la conversación siga siendo agradable y es menos probable que dé lugar a dificultades.

Prepare mentalmente las réplicas

Cuando alguien aborda un tema que le incomoda, puede ser útil tener algunas respuestas en la manga que sean corteses, pero también asertivas. En lugar de decir: "No quiero hablar de eso", podría decir: "Preferiría no hablar de esto ahora mismo. ¿Podría preguntarle sobre otra cosa?". Pedir hablar de otra cosa abre la puerta a temas de discusión más interesantes.

Aunque puede ser difícil dar con la réplica perfecta en el momento, si practica de antemano algunas respuestas a las que recurrir, estará más preparado para hacer una pausa en la conversación y redirigirla hacia algo que funcione para usted.

En conclusión, desenvolverse en conversaciones triviales y eludir las conversaciones incómodas es clave para tener éxito en entornos sociales. Con la actitud adecuada y un poco de preparación mental, puede hacer de la charla trivial una experiencia agradable y gratificante. Recuerde que cada persona tiene unos límites diferentes para los temas, al igual que usted, así que ajuste su conversación en consecuencia. Algo que puede resultarle completamente carente de interés puede ser una fuente de gran fascinación para otra persona, así que manténgase siempre atento cuando hable con extraños.

Capítulo 6: Entable una conversación literalmente con cualquiera

Cuando vea a alguien con quien le gustaría hablar, ya sea en una fiesta, una conferencia o simplemente de paseo, deténgase y preséntese. Puede ser alguien a quien admira desde hace tiempo, un cliente potencial para su negocio o alguien que le resulte atractivo.

Intenta formular el comentario de apertura ideal para una conversación. Sin embargo, antes de que pueda hacerlo, la otra persona ha seguido adelante o ha iniciado una nueva discusión, y la oportunidad ha pasado.

La forma en que usted inicia una conversación marca la pauta

https://www.pexels.com/photo/photo-of-people-talking-to-each-other-3182765/

Puede iniciar una conversación con cualquier persona en cualquier momento y circunstancia. El único truco consiste en decir algo que atraiga a la otra persona.

En vista de ello, debe quedar claro que la mayoría de las quejas, los comentarios políticos (a menos que entienda realmente la política del oyente) y cualquier otra cosa que pueda interpretarse como ofensiva están estrictamente prohibidos.

A continuación, encontrará algunos consejos para iniciar una conversación con cualquier persona. Puede incluso empezar a hablar inmediatamente y pasar rápidamente de ser extraños a amigos íntimos. Como mínimo, podría obtener información de contacto que podrá utilizar más adelante.

Cómo iniciar una conversación

Cómo iniciar el proceso

Cree primero el ambiente. Por ejemplo, si ha asistido a una conferencia de negocios celebrada en un gran hotel y ha pasado la mañana escuchando atentamente una serie de presentaciones y mesas redondas, es posible que no haya tenido la oportunidad de conocer a los demás asistentes.

Ahora que es la hora de comer, tiene la oportunidad de socializar. Estos consejos son válidos, aunque no haya empezado a establecer contactos.

Evite los temas aburridos

Evite siempre los temas aburridos. Por ejemplo, pregunte: "¿Qué tiempo hace?" o "¿Qué tal [inserte el nombre del equipo deportivo regional]?". A menos que sea noticia de primera plana, pueden ser frases cursis e ineficaces para ligar.

Dado que cada circunstancia es única, debe ser capaz de generar un iniciador de conversación único.

Recopilación de datos

Plantear una pregunta o una serie de preguntas a un desconocido inicia una conversación de forma eficaz. Dependiendo de la situación, podría preguntar por el tiempo, el almuerzo o una responsabilidad profesional compartida. Podría preguntar: "¿Sabe si el presidente de la empresa hablará en el acto inaugural?".

A medida que asimile su respuesta, considere las preguntas de seguimiento o los comentarios que puede hacer para mantener la conversación.

Elogie al desconocido

Hacer un cumplido a un desconocido es otra forma de iniciar una conversación. Considere este ejemplo: "Me gusta su maletín".

Para continuar la conversación, haga preguntas de seguimiento, como dónde se compró el maletín y si está disponible en otros colores.

Saque a relucir un tema común

Utilice su entorno para iniciar una conversación. Pregunte a la persona sentada a su lado en un taller o conferencia qué le ha parecido el evento. Si va a pedir el almuerzo, dígale a la persona que está detrás de usted cuál es su plato favorito.

He aquí otro ejemplo: "¿Trabaja usted aquí? Ayer vi su vehículo aparcado junto al mío".

Identifíquese

Las presentaciones son una forma fácil de iniciar una conversación con alguien. Resulta especialmente eficaz cuando no se dispone de otros iniciadores de conversación obvios. Por ejemplo: "Hola, me llamo Andrew. Soy nuevo en la zona y quería presentarme a todos los de la división".

Lo más probable es que la persona con la que se reúna le facilite su nombre y detalles sobre su ocupación, lo que desencadenará una conversación.

Plantee preguntas abiertas

Hacer preguntas abiertas es otro método eficaz para iniciar una conversación con cualquier persona. Esta estrategia es más eficaz cuando puede indagar sobre la participación de otra persona en un acontecimiento compartido.

Piense en lo siguiente: "Nunca he asistido a un taller tan emocionante como este. ¿Y usted?".

Normalmente, la otra persona responderá con sus pensamientos o anécdotas sobre conferencias anteriores a las que haya asistido, lo que le proporcionará temas de conversación adicionales.

Manténgase al día de los acontecimientos actuales

Los acontecimientos recientes son excelentes temas para iniciar una conversación. Es preferible referirse a acontecimientos no políticos cuando usted y la otra persona mantienen puntos de vista opuestos. Considere mencionar un festival cercano, un libro recién publicado o una película recién estrenada. Por ejemplo: "¿Ha oído que el Festival de las Fiestas empieza la semana después de Acción de Gracias? Siempre disfruto explorando las decoraciones".

Ofrézcase a ayudar

Ofrecer ayuda a alguien que parece estar necesitado es una forma eficaz de iniciar una conversación. Dependiendo del contexto, podría decir: "Podría guardarle esa caja, si le parece bien. ¿Es usted un recién llegado aquí?".

Comparta un hecho fascinante

Esta estrategia funciona mejor cuando se encuentra en un entorno o situación afín. Este método puede ser muy eficaz para iniciar una conversación con cualquier persona si se utiliza correctamente. Por ejemplo: "¿Sabía que, estadísticamente, viajar en ascensor es la opción más segura?".

Pídales su opinión

Considere la posibilidad de pedir su opinión a un completo desconocido para entablar una conversación. Si está cenando fuera o buscando bolígrafos en el armario de suministros de la oficina, esta es una buena idea. He aquí un ejemplo de cómo emplear esta estrategia: "¿Cuál de estos rotuladores fluorescentes prefiere? Los morados son visualmente atractivos, pero yo suelo utilizar estos amarillos".

Consiga algunas recomendaciones para comer

Preguntar a un desconocido dónde le gusta almorzar es un buen método para romper el hielo. Debido a la naturaleza transitoria de la conversación, esto resulta especialmente útil en ascensores, filas de taxis y transportes públicos.

Por ejemplo: "¿Cuál es su restaurante preferido? Como suelo trabajar en una oficina de la calle Quinta, no estoy familiarizado con esta zona".

Es probable que el desconocido le recomiende sus restaurantes favoritos y que le invite a comer con él.

Especule sobre un vídeo de moda

Un vídeo viral es un eficaz iniciador de debates. Muchas personas pasan su tiempo libre viendo vídeos o enterándose de ellos por sus amigos o compañeros de trabajo. Asegúrese de que el vídeo al que hace referencia es apropiado para su lugar de trabajo si emplea esta estrategia. Podría preguntar: "¿Han visto el vídeo del bebé que duerme en un bol de yogur helado?".

Esto podría suscitar una conversación sobre otros contenidos de vídeo intrigantes o sobre la cultura popular.

Manténgalo sencillo

En ocasiones, la forma más eficaz de iniciar una conversación es ser directo y sincero sobre lo que quiere o necesita. Por ejemplo, si se ha perdido, pregunte cómo llegar.

Indique si desea almorzar con otra persona. Abra la conversación con esta pregunta: "Es mi primer día aquí y no estoy seguro de dónde almorzar. ¿Podría acompañarle?".

Busque ayuda

Pida ayuda para iniciar una conversación. Dependiendo de las circunstancias, puede que necesite pedir ayuda a una persona concreta en lugar de a todas las personas que se encuentren cerca.

Considere este ejemplo: "Nunca he trabajado antes en esta oficina, así que no estoy seguro de cómo funciona la fotocopiadora. ¿Sería tan amable de ayudarme?".

Hable de intereses compartidos

En determinadas circunstancias, puede resultar evidente que usted y un desconocido comparten intereses comunes. Inicie una conversación con las señales que capte.

Ejemplo: "Parece que usted apoya al equipo de baloncesto local. La semana pasada asistí a su evento deportivo. ¿Ha asistido a algún partido este año?"

Haga una observación inteligente

Comentar su situación actual es otra forma de iniciar una conversación con alguien. Esta estrategia es más eficaz cuando se trata de hacer una observación concreta.

Por ejemplo: "Veo que prefiere utilizar su smartphone a unos auriculares".

Este comentario permite al desconocido expresar su opinión sobre el tema.

Nombre una determinada característica de la gente

Utilice esta estrategia cuando esté seguro de que usted y el individuo comparten un rasgo común. Una de las formas más eficaces de establecer una conexión de inmediato es hablar de una característica compartida.

Considere este ejemplo: "He observado que ha firmado con la mano izquierda y yo también soy zurdo".

Cuando se trata de rasgos especiales, a la mayoría de las personas les gusta hablar de conexiones.

Pregúnteles sobre su historia

Indagar sobre los antecedentes de alguien es una forma profesional y amistosa de iniciar una conversación.

Por ejemplo: "Saludos del equipo. ¿Dónde estaba usted antes de venir aquí?".

Pida orientación

Para iniciar una conversación, pida consejo a un desconocido.

Por ejemplo: "No estoy seguro del formato de presentación que debo emplear. ¿Podría revisarla y darme su opinión?".

Revise una actividad compartida

Puede comentar una afición o interés compartido si resulta obvio. Por ejemplo, se encuentra con un desconocido leyendo su libro favorito en el pasillo de su edificio. En este caso, diga: "Cuando salimos del metro, me di cuenta de que usted estaba leyendo. Terminé este libro hace una semana. ¿Lo está disfrutando?".

Cuénteles un chiste

Puede contarles un chiste como método adicional para iniciar una conversación con un desconocido. El chiste debe ser relevante para su situación con el desconocido para que sea más eficaz.

Por ejemplo, podría decir: "¿Qué podría arruinarle el viernes? Ah... recordar que hoy solo es jueves".

Iniciativa positiva

Aborde la conversación con una actitud positiva a pesar de su ansiedad. Ganará confianza en el éxito de sus interacciones y depositará su confianza en los demás.

Calmará su mente y le hará parecer mucho más accesible que si está ansioso. La positividad puede comunicarse a través de un lenguaje corporal relajado, una sonrisa y un contacto visual directo.

Identifíquese

Preséntese de forma sencilla, hábleles de usted y estreche su mano para iniciar una conversación. Esta acción es especialmente útil si se le acaban las ideas para iniciar una conversación. Por ejemplo: "Soy Mike. Soy el director de marketing de [nombre de la empresa]. ¿Cómo le va?".

Causará una buena primera impresión. Obtenga el nombre de la otra persona y algunos datos personales para establecer una base para su conversación.

Póngase un accesorio pavo real

Llevar una "pieza de pavo real" es otra forma de iniciar una conversación. Debe ser algo llamativo y expresivo de su personalidad, como unos calcetines de colores o una corbata, que pueden ser apropiados. La ropa o los accesorios expresivos llaman la atención y suscitan conversación.

Por ejemplo, los organizadores de eventos también pueden ofrecerle artículos para llevar puestos -con el mismo objetivo- si se encuentra en una conferencia. Pueden pedirle que lleve un pin o una pegatina con el logotipo de su película o equipo deportivo favorito junto a su etiqueta identificativa. Esto puede servir para iniciar una conversación con otros asistentes.

Mencione a un amigo común

"¿Ha trabajado antes con Roger? He colaborado con él en varios proyectos". Al mencionar a un conocido común, demuestra que forma parte de la red social más amplia del oyente.

Muchos empezarán a reconocerle como alguien a quien conocen o deberían conocer. Tenga cuidado de que se lleven bien con su conocido común. No querrá pretender ser el mejor amigo de alguien con quien están enzarzados en una batalla legal.

Comente a los oyentes

Esta estrategia es útil cuando no sabe qué decir a una celebridad, a un conocido capitalista de riesgo o a una figura clave de su sector u organización. Nunca se considera un insulto sugerir: "Aprecio su trabajo" o "Su última entrada en el blog me ha parecido muy perspicaz".

Evite halagar y criticar al oyente diciendo: "Su película más reciente me pareció mucho mejor que la del año pasado". Además, ofrezca solo cumplidos genuinos.

Cuando sea apropiado, mencione sus datos privados

A medida que la otra persona revele más cosas sobre sí misma, haga un esfuerzo por recordar detalles concretos. Podría implicar dirigirse a ellos por su nombre, o podría ser una forma excelente de continuar la conversación.

Por ejemplo, supongamos que hacen una pausa después de mencionar a su pareja. En ese caso, podría preguntar por la ocupación de su pareja o cómo se conocieron.

Plantee una pregunta teórica

Estas pueden ser excelentes para iniciar la conversación, pero para evitar sonar demasiado aleatorio, relaciónelas con un acontecimiento actual o con la ocasión.

Podría decir: "Acabo de ver una película en la que se suspenden todas las leyes durante un día. ¿Qué haría usted si no hubiera normas durante un día?

Pregunte por sus familias, mascotas y aficiones

A la gente le gusta hablar de temas personalmente significativos. Si sabe que a su jefe le gusta navegar, preguntarle por su viaje más reciente es un gran tema de conversación.

Continúe la conversación

Los rompehielos, por ejemplo, solo le llevarán lejos en una conversación. La clave está en implicar activamente a su interlocutor y adaptar su respuesta a sus comentarios para que se sienta a gusto.

Estrategias para iniciar conversaciones y superar las charlas triviales

Las siguientes son estrategias para iniciar una conversación con otras personas:

Haga muchas preguntas

Haga un esfuerzo por abordar las conversaciones con curiosidad y mente abierta. Hacer preguntas personales y profesionales puede ayudarle a lograr este objetivo.

"¿Qué le ha parecido el orador principal?".

"¿Cuáles han sido los aspectos más destacados de su formación hasta el momento?".

"¿Qué le impulsó a inscribirse en esta conferencia?".

Todas estas preguntas son abiertas, lo que indica que su interlocutor debe considerar la pregunta y proporcionar información adicional en lugar de una simple respuesta de sí o no. En consecuencia, tendrá más oportunidades de continuar la conversación y hacer preguntas.

Busque puertas laterales receptivas

Una "puerta lateral conversacional" es una oportunidad para desviarse de un tema debido a algo que ha dicho su interlocutor. Mientras escucha, esté atento a las afirmaciones que puedan tener un contexto negativo.

Por ejemplo:

Comunicador uno: "Llevo tiempo esperando este discurso de apertura. Cuando les oí hablar en Phoenix el año pasado, me impresionaron mucho sus ideas".

Usted: "Yo también espero con impaciencia su presentación. ¿Por qué visitaron Phoenix el año pasado? Nunca he estado allí".

En este caso, su interlocutor hizo un comentario pasajero. Sin embargo, al mostrarse atento e inquisitivo, descubrió una puerta lateral de la conversación sobre Phoenix. Ahora puede hablar de la ciudad y ver adónde conduce la conversación.

Concéntrese en los intereses comunes

Si desea desviarse de los temas estrictamente relacionados con los negocios, busque temas adicionales de los que hablar. Podrían compartir gustos similares en moda, una pasión por los cuadernos de alta calidad o el interés por tocar un instrumento.

Podrían compartir un amigo. Es posible que haya asistido a la misma universidad que su compañero preferido, lo que le permitirá hablar de él, de la universidad a la que ambos asistieron y de los demás miembros del equipo. Se pueden discutir muchos temas fascinantes simplemente sacando a relucir una conexión común.

Aunque estas conexiones no tengan nada que ver con el trabajo, le ayudan a conocerse mejor y allanan el camino para una colaboración a largo plazo. Si usted y un posible cliente son aficionados al golf, pueden programar reuniones de negocios mientras practican swings en un campo de prácticas.

Aprenda la habilidad de escuchar

Lo más importante que puede hacer durante una conversación es estar presente y atento. Esto sugiere

Mantenga el contacto visual

Aunque no está obligado a mirar directamente a los ojos, debe dedicar tiempo suficiente a recordar el color de sus ojos. Esto demuestra compromiso e interés.

Anticípese a una pausa antes de hacer preguntas

Las peticiones de aclaración son una forma excelente de mantener una conversación en movimiento. Sin embargo, no debe hacerlo a expensas del proceso de pensamiento actual de la otra persona ni cambiando de tema. Deje que la conversación fluya con naturalidad.

Preste atención a las señales no verbales

A menudo, la comunicación se basa en lo que no se dice. Usted es responsable de reconocer y responder adecuadamente si hacen un gesto sutil que sugiera que desean poner fin a la conversación.

Escuche antes de hablar

Sin experiencia, aprender a iniciar una conversación con alguien puede resultar difícil. Usted teme hablar con torpeza o verse obligado a permanecer en silencio, pero si se centra en el otro individuo, podrá aliviar esta presión.

El error más común a la hora de iniciar conversaciones con otras personas es que debe hablar continuamente. Sin embargo, no es necesario que la comunicación con otro individuo sea extensa. Corre el riesgo de parecer arrogante o ensimismado si divaga durante demasiado tiempo.

Después de establecer una buena relación, hacer unas cuantas preguntas bien situadas generará una discusión más fructífera que si solo hablara de sí mismo.

Acérquese a la gente con verdadero interés y curiosidad. Estas habilidades le ayudarán a superar la timidez. Cuanto más practique, más crecerá su reputación de experto conversador.

¿Qué hace que una conversación sea buena?

Una conversación consta de numerosos elementos. A continuación, se enumeran varios factores para evitar los silencios incómodos:

Escucha activa

La escucha activa implica prestar mucha atención a lo que alguien dice. En ocasiones, los participantes en una conversación escuchan para reaccionar en lugar de para comprender lo que la persona está diciendo.

Si utiliza esta habilidad de escucha crucial, su interlocutor se dará cuenta de que le está escuchando atentamente. Demuestra inteligencia emocional. Además, es probable que recuerde más cosas de la conversación.

Repetir al interlocutor lo que acaba de oír mejora la capacidad de escucha activa, ya que le obliga a hablar menos y a escuchar más.

Preguntar y responder a las preguntas

Otra forma de demostrar que sabe escuchar es haciendo preguntas.

Respondiendo a la declaración de otra persona, puede ampliar la conversación haciendo preguntas. También puede preguntar sobre algo de lo que no esté seguro o sobre lo que desee saber más.

De nuevo, esto demuestra al otro individuo que usted está realmente interesado en lo que dice.

Descubrir intereses y características compartidos

Escuche atentamente durante las conversaciones para identificar experiencias compartidas. Mantenga la fluidez de la conversación sacando a relucir intereses comunes, lo que le proporcionará temas adecuados de los que hablar.

Encontrar intereses compartidos le ayudará a iniciar una conversación y a hacerla más productiva. Esto es esencial para mantener el flujo de una conversación.

Fijar un objetivo para la conversación

Antes de iniciar una conversación, siempre es una buena idea tener un plan en mente, tanto si se ha encontrado con un colega en la tienda como si asiste a un acto para establecer contactos.

Si tiene un propósito claro, la conversación tendrá dirección y no se sentirá incómodo o torpe.

Si ve que la conversación se está estancando, introduzca un nuevo tema haciendo referencia al objetivo de la conversación.

Cómo mantener una conversación con éxito

¿Todavía tiene dificultades para mantener una conversación? He aquí algunos consejos para entablar conversaciones fructíferas en entornos formales e informales:

Formule numerosas preguntas

Permita que la otra persona responda y tome la iniciativa. Evidentemente, no querrá que se sientan interrogados.

Evite los temas polémicos

Sea siempre consciente de su entorno y de las personas con las que está hablando. Evite hablar de temas delicados o controvertidos; esto puede referirse a cualquier cosa, incluida la política o la religión.

Sonría

Al iniciar una conversación, una sonrisa puede llegar muy lejos. Antes de hablar, sonría a su posible interlocutor. Una sonrisa demuestra su accesibilidad y amabilidad.

Establezca contacto visual

Mantener el contacto visual transmite su interés y participación en una conversación.

Si mira constantemente a su alrededor, la otra persona asumirá que no le interesa lo que dice o que está distraído.

Ofrezca cumplidos

Un gesto considerado, como un comentario amable, nunca pasa desapercibido. Cuando hace un cumplido a su interlocutor, este se sentirá bien consigo mismo. Además, enriquece su conversación.

Preste mucha atención a lo que dicen para buscar oportunidades de hacerles un cumplido sincero.

Busque sugerencias o consejos

Pida sugerencias o consejos si no está seguro de cómo mantener una conversación. Demuestra su aprecio e interés por lo que dicen.

No es difícil hablar con cualquier persona sobre cualquier tema y en cualquier momento. Se convertirá con seguridad en un gran conversador con concentración y voluntad de aprender.

Capítulo 7: 50 preguntas infalibles para hacer a cualquiera

Todo el mundo ha experimentado la sensación de hundimiento en el estómago cuando comenzamos una conversación incómoda, y esta continúa de forma incómoda hasta que la conversación se detiene bruscamente. Entablar y mantener una conversación es todo un reto porque requiere un flujo continuo de pensamientos e ideas entre los participantes.

Se ha establecido que iniciar una conversación es más difícil para las personas que mantenerla. Puede deberse a varios factores, como la baja autoestima, la timidez, la ansiedad social y la falta de ideas para conversar.

Hay preguntas específicas que debe recordar y que pueden funcionar en cualquier situación
https://www.pexels.com/photo/young-diverse-colleagues-working-remotely-together-4049960/

Las ideas conversacionales pueden discutirse cómodamente con una o más personas. Se conocen comúnmente como charla trivial y pueden ayudarle mucho a mantener conversaciones fluidas.

Hay temas de conversación trivial buenos (el tiempo, el trabajo y la comida) y malos (sexo, muerte, salud), que ya se han tratado adecuadamente en capítulos anteriores.

Antes de iniciar una conversación con alguien, especialmente con un desconocido, tome nota mentalmente de todo lo que quiere hablar. Un buen tema de conversación trivial iniciará su charla en la dirección correcta, tanto si se dirige a ellos por ayuda, negocios, diversión o simplemente para charlar.

¿Cómo se inicia una charla trivial? La charla trivial sigue un patrón específico en el que usted proporciona información antes de hacer una pregunta. Por ejemplo, cuando conoce a alguien por primera vez, se presenta y luego le pregunta su nombre. Entablar una conversación trivial sigue el mismo patrón, pero implica algo más que presentarse.

Debe comprender que la información que proporciona y las preguntas que formula determinan el éxito de su conversación. Por ello, asegúrese de que las preguntas que formula son concisas, claras y sin errores. El uso de preguntas como estas garantiza buenas respuestas, lo que conduce a conversaciones maravillosas.

¿Qué son las preguntas infalibles?

Una pregunta infalible está diseñada y formulada a la perfección, sin dejar lugar a la confusión. Son preguntas breves y comprensibles que le ayudarán a lograr su objetivo de una comunicación satisfactoria. También se conocen como preguntas garantizadas.

Las siguientes son algunas características de las preguntas infalibles:

- Nunca pasan de moda, lo que las hace útiles para conversar en cualquier situación.
- Le ayudan a recopilar información útil que podría resultarle útil cuando vuelva a encontrarse con la misma persona.
- Son claras, concisas y se explican por sí mismas.
- Pueden emanar de cualquier tema.
- Están interrelacionadas, lo que implica que puede unir preguntas de un tema a otro, haciendo que una conversación sea aún más interesante.

- Se colocan sutilmente en las conversaciones.

- A menudo le darán algo más que un sí o un no por respuesta, permitiéndole conversar adecuadamente.

- Son ilimitadas y surgen sin que usted tenga que pensar demasiado.

¿Por qué debe emplear las preguntas infalibles?

Antes de utilizar las preguntas infalibles en sus interacciones con la gente, debe saber por qué son recomendables.

Por qué debe utilizar las preguntas infalibles

1. **Le ayuda a encontrar puntos en común:** Las preguntas infalibles le ayudan a descubrir los gustos y aversiones de la persona y, en última instancia, le ayudarán a construir su conversación sobre un terreno común.

2. **Le ayuda en la construcción de habilidades sociales:** La comunicación es una habilidad social, y poner en práctica las preguntas infalibles con regularidad en las conversaciones desarrollará esta habilidad, lo que le hará mejorar en las discusiones y, en definitiva, en la comunicación sin tener que esforzarse demasiado.

3. **También le ayuda a desarrollar otras habilidades sociales**, como la empatía, la escucha activa, la gestión de las relaciones, etc.

4. **Le ayuda a interactuar cómodamente:** Las preguntas infalibles harán que la otra persona se sienta más a gusto con usted, facilitando la conversación y librándole de incomodidades innecesarias.

5. **Le pone al mando de la conversación:** Las preguntas infalibles le dan el control, ya que usted dirige la conversación en la dirección que prefiere.

6. **Le ayuda a crear un vínculo:** Las preguntas infalibles suelen extraer rápidamente información valiosa de las personas, creando un vínculo entre ustedes.

Cómo utilizar las preguntas infalibles

El uso de las preguntas infalibles requiere que se den unas cuantas condiciones para cosechar su máximo rendimiento.

1. **Lea la sala:** Antes de utilizar las preguntas infalibles en sus conversaciones, asegúrese de haber leído y comprendido bien el entorno. No se acerque a alguien que tenga un mal día con una gran sonrisa. Diríjase a la persona por su estado de ánimo y escuche lo que dice. Una evaluación correcta le ayudará mucho a determinar sus preguntas.

2. **Sus preguntas deben ser relacionables:** Cuando formule preguntas infalibles, deben ser lo más relacionables posible con la otra persona. Al principio puede parecer un reto, pero hacer preguntas basadas en cómo conoció a la persona es un buen punto de partida.

3. **Pregunte sobre deportes a alguien que conoció en un partido.** Si conoce a alguien en una biblioteca, pregúntele por sus autores favoritos. Pregunte a alguien que conozca en una exposición de arte sobre sus inspiraciones en el arte y a quién considera su modelo a seguir. Las conversaciones resultarán más naturales si comienza con temas ya familiares para ambas partes.

4. **Emplee la escucha activa:** No basta con limitarse a hacer preguntas; también debe escuchar atentamente lo que dicen. Es necesario hacer preguntas para obtener respuestas, pero si no está prestando atención, las respuestas carecen de sentido. Es mucho más sencillo mantener una conversación si escucha activamente porque le ayuda a preparar su siguiente comentario o pregunta.

5. **Proporcione información:** Cuando las preguntas que ha formulado tengan respuesta, formule otra. Sin embargo, la conversación implica que ambas partes compartan información. La persona con la que está conversando tendrá preguntas para usted. Tenga cuidado de responder adecuadamente, proporcionando suficiente información sin hacer la conversación demasiado íntima dando demasiada información al principio.

6. **Sea fiel a sí mismo:** Cuando converse con alguien, es mejor no exagerar aspectos de quién es usted. Debe evitar poner acento, pulir sus historias o modificar cualquier cosa de usted para agradar a la otra persona. Mostrarse en su estado natural aumentará sus probabilidades de éxito.

50 preguntas prácticas a prueba de tontos que funcionan

Las preguntas a prueba de tontos nunca pasan de moda. Por ello, hemos recopilado una lista de 50 preguntas divididas en diferentes categorías para que pueda mantener conversaciones más productivas.

Categoría A: El tiempo

Hablar del tiempo con desconocidos es un método probado para romper el hielo e iniciar una gran conversación. Al introducir nuevos temas de interés, las preguntas infalibles lo hacen aún más ameno. A continuación, encontrará algunos ejemplos de preguntas relacionadas con el tiempo:

1. Hace un día precioso, con el sol así. ¿Qué le parece?
2. Hace mucho frío. ¿Seguro que está bien aquí de pie al aire libre?
3. Últimamente está nevando mucho. ¿Se celebrará la (fiesta, servicio, reunión, etc.)?
4. ¿Se fía de la previsión meteorológica?
5. ¿Cuál es su tiempo favorito?

Si decide iniciar una conversación sobre el tiempo, sea breve porque la gente se aburrirá rápidamente si todo lo que hace es hablar del tiempo.

Categoría B: Arte y entretenimiento

Casi todo el mundo se ilumina cuando se menciona una película, una novela, un poema u otra obra de arte. Aproveche esta ventaja, sobre todo si ve que llevan algo que sugiera su interés por ello. Puede lograrlo con las siguientes preguntas:

6. Acabo de (ver/leer/escuchar) esta (película/libro/música) ayer. ¿Le gustó? ¿Ha...?
7. Ha visto la nueva película, ¿verdad? ¿Qué te ha parecido?
8. Me encanta leer los libros de (nombre del autor); son deliciosos. ¿Supongo que a usted también le gustan?
9. (Nombre del músico) hace una música impresionante. ¿Cuál es su canción/álbum favorito?
10. ¿Está leyendo algún buen libro en estos momentos? Me encantaría recibir algunas recomendaciones.

11. ¿Cuál fue la última película que vio?

Aunque sus preferencias difieran, escuche las palabras de la otra persona sin prejuicios. Puede que llegue a apreciar lo que ellos aprecian; incluso si no lo hace, habrá aprendido algo.

Categoría C: Viajes

Cuando esté de vacaciones, entablará conversaciones sobre viajes. Utilice mucho estas preguntas porque es probable que los demás también estén de vacaciones.

12. Hola, soy (nombre). ¿Cómo te llamas?

13. ¿De dónde es usted?

14. ¿Es la primera vez que viene de vacaciones? ¿Dónde más ha estado?

15. ¿Está aquí solo?

16. Ha estado en muchos lugares. ¿Cuál es su favorito hasta ahora?

17. ¿Qué lugar encabeza ahora mismo su lista de deseos?

Recuerde compartir sus deseos y puntos de vista con la otra persona y compruebe si son similares.

Categoría D: Trabajo

Estas preguntas se formulan con frecuencia en ocasiones formales y son excelentes para iniciar conversaciones con otros profesionales de distintas organizaciones. A continuación, encontrará una selección de ejemplos de preguntas adecuadas para este contexto:

18. ¿Cómo ha llegado hasta donde está ahora?

19. ¿Preferiría estar haciendo otra cosa que no fuera (trabajo)? ¿Qué sería?

20. ¿Cómo es un día típico de trabajo para usted?

21. ¿En qué está trabajando ahora mismo?

22. ¿Cuáles son sus objetivos futuros en el trabajo?

Categoría E: Aficiones

Suele ser una buena idea hacer preguntas relacionadas con las aficiones de la gente porque de este tema se pueden extraer diferentes cuestiones. Algunos ejemplos de estas preguntas son los siguientes:

23. ¿Qué hace en su tiempo libre?

24. Mis aficiones son (incluya las aficiones). ¿Cuáles son las suyas?

25. ¿Ha pensado alguna vez en ganar dinero con sus aficiones?

26. Muéstreme cómo funciona.

Categoría F: Familia

Otra buena fuente de conversación trivial es la familia; siempre habrá temas de los que hablar. Estas son algunas preguntas:

27. ¿Cuándo y dónde nació?

28. ¿Tenía algún apodo mientras crecía? ¿Quiere compartirlo?

29. ¿Le siguen llamando por su apodo de la infancia?

30. ¿Sigue alguna religión? (Si la religión difiere de la suya, es mejor cambiar de tema)

31. ¿Tiene alguna tradición familiar? ¿Cuáles son?

32. ¿Viven aún sus padres en la casa en la que usted creció?

33. ¿Hay algún personaje famoso en su familia?

Aunque se trata de un tema interesante, sea breve y sencillo para evitar entrometerse. No querrá que la otra persona le perciba como un entrometido.

Categoría G: Comida

Las siguientes son algunas preguntas sobre cómo la comida es un fantástico iniciador y mantenedor de discusiones:

34. ¿Disfrutó de lo que le sirvieron?

35. ¿Cuál es su comida basura preferida?

36. ¿Qué es lo más sorprendente que ha comido?

37. ¿Qué sería si solo pudiera comer una cosa durante el resto de su vida?

38. Si usted fuera una comida, ¿qué comida sería?

39. ¿Qué comida rechazaría, incluso a costa de la muerte?

Prepárese para reírse de las respuestas que recibirá, ya que pueden sorprenderle.

Categoría H: Tecnología

Aunque hablar de tecnología puede resultar aburrido con algunas personas, se divertirá discutiendo sobre diversos artilugios con las personas adecuadas. Algunas buenas preguntas para empezar son

40. Veo que utiliza un (nombre del artilugio). Eso está muy bien. ¿Por qué ha elegido ese?

41. Si pudiera elegir cualquier teléfono del mundo, ¿cuál sería?

42. ¿Qué opina de los avances científicos en (salud, agricultura, etc.), especialmente (mencione un acontecimiento científico concreto).

43. ¿IPhone o Android?

44. ¿Consideraría la posibilidad de trabajar por cuenta propia en (mencione un campo tecnológico, por ejemplo, ciberseguridad, diseño web, etc.)?

Las conversaciones de este tipo pueden alborotarse rápidamente, así que sepa cuándo pasar página.

Categoría I: Deportes

Todo el mundo tiene afinidad por los deportes, y de usted depende averiguar cuál es esa afinidad y elaborar sus preguntas infalibles en consecuencia. Las siguientes son algunas preguntas sobre deportes que debería tener en cuenta:

45. ¿Qué deportes practica? ¿Cuáles sigue?

46. ¿Ha practicado algún deporte con el equipo de su colegio?

47. ¿Quién es su deportista profesional favorito en estos momentos? ¿Por qué?

48. ¿A qué equipo anima en el partido?

49. ¿Con qué frecuencia juega?

50. ¿Puedo unirme a su equipo?

Aspectos a tener en cuenta al utilizar las preguntas infalibles

Aunque puede que necesite preguntas infalibles para mejorar su juego de conversación, primero debe entender cómo funcionan para aplicarlas correctamente.

1. **No tiene por qué empezar su conversación con una pregunta infalible:** Si no está seguro de que le irá bien empezando con una pregunta infalible, utilice otra cosa. Puede empezar con una introducción, un cumplido o una combinación.

2. **No siempre es necesario empezar con una pregunta.** Por ejemplo, si está en una reunión y se fija en alguien, puede empezar a hablar con una presentación, aunque no conozca a esa persona. Elogie su ropa o su peinado. Después, puede

preguntar por su bienestar y con quién ha venido. Notará que poco a poco va entablando una conversación trivial y podrá empezar a hacer preguntas.

3. **Recuerde que el número de preguntas infalibles es infinito:** Las preguntas enumeradas anteriormente orientan sobre cómo se forman y qué hacen. Por ello, siempre puede cambiar las preguntas o crear las suyas propias. Todo lo que tiene que hacer es observar a la persona con la que quiere hablar, averiguar algo sobre ella y entrar en materia.

4. **Cuando cree sus preguntas,** asegúrese de que pertenecen a su área de especialización. Si no sabe nada sobre el espacio, ¿no podría hacer preguntas al respecto?

5. **Si tiene que hacer preguntas que no son de su especialidad,** informe a la persona de que no tiene experiencia. Asegúrese de no pasar vergüenza.

6. **Evite por completo los malos temas de conversación trivial:** Esta regla es especialmente importante cuando conozca a gente nueva o a conocidos lejanos. Temas de conversación trivial como el sexo, la muerte y la política podrían provocar una discusión o causar tensión entre ustedes.

7. **Si la conversación llega a ese punto, haga un esfuerzo por sacarlo cuanto antes.** Siga adelante después de expresarse educadamente sobre el tema.

8. **Tenga confianza en sí mismo:** Cuando una persona asustada hace las mejores preguntas a prueba de tontos, puede parecer patética. Su confianza influye mucho en la formulación de sus preguntas. Por ello, antes de entablar una conversación, infúndase confianza en sí mismo.

9. **Recuerde que las personas con las que está hablando son probablemente tímidas y nerviosas,** por lo que es perfectamente normal tener miedo.

10. **Sea encantador:** Las preguntas infalibles funcionan mejor cuando se formulan como un caballero y una dama. Ponga especial cuidado en ser decente y educado al conversar y hacer preguntas, ya que esto le hará ganarse el cariño de la gente.

11. **No pierda de vista el objetivo de la conversación:** Dependiendo de con quién esté hablando y del motivo, deberá modificar la

cantidad de tiempo que dedica a mantener conversaciones triviales.

12. **Si está saliendo con un amigo o conocido,** es absolutamente apropiado hablar con él todo el tiempo que desee. Antes de sacar a relucir su tema de interés en una charla informativa con alguien, mantenga sus preguntas breves, directas y respetuosas.

13. **Debe atenerse a esto,** ya que, para la mayoría de las personas, preguntar por su bienestar y dónde viven es toda la charla trivial que necesitan antes de aburrirse, sobre todo si saben que usted persigue algo.

14. **Sea sincero:** No se puede exagerar la sinceridad en una conversación; puede cambiar las reglas del juego si se utiliza correctamente. En consecuencia, cuando mantenga una conversación trivial, esfuércese por ser sincero y honesto. Supone un mundo de diferencia.

15. **Sugiera un "la próxima vez":** Cuando mantenga una conversación agradable con alguien, recomiéndele continuar la charla la próxima vez que se encuentre con esa persona. Tendrá más posibilidades de conseguir un nuevo conocido y establecer una conexión si realiza esta acción única.

16. **Desarrolle sus preguntas:** Si se da cuenta de que hacer preguntas infalibles es su mejor apuesta para una conversación fluida, amplíelas. Ampliar en este sentido no significa inventar nuevas formas de hacer las mismas preguntas; significa formular nuevas preguntas basadas en conversaciones anteriores con esa persona. No puede hacer siempre las mismas preguntas cuando se reúna con alguien. Conozca los intereses de la persona y diversifique sus preguntas para obtener más información sobre sus gustos y aversiones. Esta línea de preguntas requiere una buena memoria para recordar detalles importantes sobre la persona.

Las preguntas infalibles son preguntas fáciles y prácticas que casi cualquiera puede poner en práctica. Siguen siendo el código de trucos que necesita para entablar una conversación trivial significativa e inteligente. A veces, estas preguntas pueden parecer bastante complicadas, pero no lo son. Debe saber cómo y dónde utilizarlas y le irá bien.

Recuerde siempre que las conversaciones son fáciles y no requieren mucho esfuerzo. Puede entablar una conversación sobre cualquier tema dependiendo del otro participante.

Las preguntas infalibles ayudan a construir y desarrollar sus habilidades sociales, no se limitan a las enumeradas anteriormente y puede divertirse haciendo las suyas. Pueden ajustarse a su conveniencia, ayudándole a controlar eficazmente la conversación.

Recuerde que la apariencia y el enfoque importan a la hora de formular sus preguntas. Sea siempre decente, educado y sincero al conversar con cualquier persona.

Practique estas preguntas para cogerle el truco y siga las guías prácticas aquí expuestas, y verá los resultados en poco tiempo.

Capítulo 8: Contacto visual y trucos de lenguaje corporal

Aunque entablar conversaciones triviales y hacer preguntas infalibles puede iniciar una conversación que llegará muy lejos, hay algo más para fomentar una conexión más profunda con la otra persona. Debe practicar el contacto visual y utilizar adecuadamente su lenguaje corporal para establecer puntos en común que propicien una buena conexión. Aprendamos más sobre el contacto visual y el lenguaje corporal y utilicémoslos en su beneficio.

El lenguaje corporal desempeña un papel importante a la hora de hacer que la gente se sienta cómoda a su alrededor durante las conversaciones

Los ojos

Dado que los ojos revelan mucho sobre los sentimientos de una persona, se suele hacer referencia a ellos como el camino que conduce al alma. Observar los movimientos de los ojos mientras se conversa es un paso fundamental para establecer la comunicación. Los movimientos oculares típicos incluyen parpadear, establecer contacto visual y evitar mirar a los ojos de la otra persona. Prestar atención es la clave para entender el lenguaje corporal de alguien. Esté atento a cualquiera de las siguientes señales oculares:

Ojos fijos

Cuando una persona le mira directamente a los ojos, demuestra su interés por la conversación y que le está prestando atención. Sin embargo, mirar fijamente durante demasiado tiempo puede hacer que la otra persona se sienta amenazada. Por el contrario, evitar el contacto visual sugiere que la persona se siente incómoda y podría querer poner fin a la conversación.

Parpadear

Aunque parpadear es normal, parpadear demasiado o demasiado poco puede revelar cómo se siente una persona durante la conversación. Por ejemplo, si la otra persona parpadea con demasiada frecuencia, podría sentirse ansiosa, mientras que parpadear demasiado poco se asocia con ocultar sentimientos. Al igual que un jugador de póquer profesional, las personas que parpadean menos controlan conscientemente su parpadeo.

Tamaño de la pupila

Al igual que la variación de la intensidad de la luz afecta al tamaño de la pupila, el cambio de emociones puede inducir la contracción o dilatación de la pupila. Los efectos más notables de las emociones sobre el tamaño de la pupila se observan cuando una persona mira fijamente a alguien o escucha noticias impactantes.

Expresiones faciales

Considere por un momento cuánto puede decir una persona a través de una expresión. Sonreír puede transmitir aprobación o alegría. Fruncir el ceño puede representar aprobación o satisfacción. Nuestras emociones genuinas sobre una situación a veces pueden leerse a partir de nuestras expresiones faciales. Aunque usted afirme gozar de buena salud, algunos podrían no creerle basándose en su expresión facial.

Algunos ejemplos de emociones transmitidas a través de las expresiones faciales son los siguientes:

- Felicidad
- Tristeza
- Enfado
- Sorpresa
- Asco
- Miedo
- Confusión
- Excitación
- Deseo
- Desprecio

Incluso nuestro nivel de confianza o creencia en las palabras de alguien puede inferirse de la expresión de su rostro.

La investigación psicológica ha arrojado numerosos resultados fascinantes en relación con el lenguaje corporal. Según un estudio, las expresiones faciales menos poco fiables eran la sonrisa y el levantamiento de cejas. Según los expertos, esta mirada irradia simpatía y seguridad. Uno de los aspectos más reconocidos del lenguaje corporal es la expresión facial. En todo el mundo, gestos similares muestran felicidad, pena, ira y miedo.

Según las investigaciones de Paul Ekman, se ha determinado que una serie de expresiones faciales asociadas a emociones específicas, como la alegría, la ira, el miedo, la sorpresa y la tristeza, son universales. Según la investigación, incluso nos formamos suposiciones sobre la inteligencia de alguien basándonos en las expresiones faciales.

Según otro estudio, era más probable que se pensara que las personas eran inteligentes cuando sus caras eran más pequeñas y sus narices más pronunciadas. Además, las personas con caras felices y sonrientes eran percibidas como más inteligentes que las que tenían caras enfadadas.

Postura

- Mantener una postura recta mientras se está de pie o sentado puede mostrar seguridad y concentración.

- Encorvarse puede ser un signo de inseguridad o desinterés.

- Puede demostrar que está implicado en la conversación e interesado en lo que dice la otra persona inclinándose ligeramente en su dirección.

- Cruzar los brazos sobre el pecho puede indicar una postura cerrada o defensiva.

- Sonreír puede transmitir calidez, disfrute y accesibilidad en las expresiones faciales.

- Un ceño fruncido o fruncido puede expresar desagrado, desaprobación o negatividad.

- Puede expresar sorpresa o demostrar que está escuchando y prestando atención levantando las cejas.

- Puede seguir y estar de acuerdo con lo que dice la otra persona asintiendo con la cabeza.

- Asentir con la cabeza puede transmitir acuerdo o comprensión.

- Sacudir la cabeza puede ser señal de desacuerdo o perplejidad.

- Puede resaltar un punto o expresar más información señalando o haciendo gestos con las manos.

- La honestidad y la franqueza pueden transmitirse mediante movimientos abiertos de las manos. Por el contrario, la hostilidad y la actitud defensiva pueden transmitirse con los puños cerrados o apretados.

Proximidad

- Estar demasiado cerca de alguien cuando se está de pie o sentado puede resultar intimidatorio o invadir su espacio personal.

- Puede resultar difícil entablar una conversación significativa o proyectar una sensación de separación cuando se está de pie o sentado demasiado lejos.

- Establecer una relación cómoda y de confianza puede facilitarse manteniendo una distancia aceptable, lo que a veces se conoce como "espacio personal'.

La boca

Al interpretar el lenguaje corporal, preste siempre atención a los gestos de la boca y a la actitud de la persona mientras conversa. Por ejemplo, morderse insistentemente el labio inferior demuestra que sufre ansiedad, pena o inseguridad.

- Que alguien tosa durante la conversación y se tape la boca puede tomarse como un gesto de cortesía. Sin embargo, toser mientras se comunica también podría significar que la otra persona no está de acuerdo y oculta su enfado.
- Aunque la sonrisa es una de las mejores señales del lenguaje corporal, puede tomarse de varias maneras.
- Una sonrisa puede ser sincera o una forma de transmitir cinismo, sarcasmo o falso deleite.

Cuando lea el lenguaje corporal, preste siempre atención a los gestos de la boca y los labios que compartimos a continuación:

- Los labios apretados se asocian con la sospecha o la desaprobación.
- Cuando vea a alguien mordiéndose los labios, significa que se siente ansioso, preocupado o estresado debido a un desafío de la vida. Los labios apretados se asocian con la sospecha o la desaprobación.
- Mientras que la gente se tapa la boca al bostezar o toser, algunos pueden tapársela al ocultar respuestas emocionales como sonreír después de oír algo gracioso o hacer una mueca.
- Si alguien tiene la boca levantada o ligeramente inclinada, es posible que se sienta emocionado y optimista mientras conversa. Por el contrario, si tienen la boca y la cara bajas durante la conversación, puede que estén disgustados por un asunto, sientan pena o la comunicación les resulte desagradable.

Hacer gestos

Los gestos son la forma más sencilla de expresión del lenguaje corporal que se utiliza para comunicar y expresar emociones. Algunos gestos comunes con las manos son saludar a alguien, señalar con el dedo y utilizar los dedos para denotar valores numéricos.

En diferentes culturas y regiones, los gestos con las manos se han utilizado durante siglos y conllevan un significado. Sin embargo, la importancia de gestos manuales similares se percibe de forma diferente en otros países. Por ejemplo, un pulgar hacia arriba en EE. UU. se considera un gesto de aprobación y agradecimiento. En cambio, países como África Occidental, Irán y Afganistán consideran el pulgar hacia arriba un insulto.

He aquí algunos movimientos básicos de las manos y sus significados:

- Una persona que aprieta los puños muestra que está enfurecida por algo o tiene miedo de lo que le rodea.

- Mientras que los pulgares hacia arriba se asocian con el ánimo y el apoyo, el pulgar hacia abajo se hace cuando alguien quiere mostrar su disgusto.

- El signo del visto bueno se suele hacer juntando las yemas de los dedos pulgar e índice mientras los tres dedos restantes permanecen extendidos. Sin embargo, este signo se percibe como un gesto negativo y grosero en varios países sudamericanos.

- En muchos países, el signo de la victoria o de la V denota éxito o paz si la palma de la mano está orientada hacia el destinatario. Por el contrario, voltear el signo de la V se relaciona con comentarios despectivos.

Brazos y piernas

Además, las piernas y los brazos pueden comunicar de forma no verbal. Los brazos cruzados pueden ser un signo de actitud defensiva. Cruzar las piernas alejándose de otra persona puede significar desagrado o malestar con esa persona.

Mantener los brazos pegados al cuerpo puede ser una táctica para reducirse o evitar llamar la atención, mientras que extender ampliamente los brazos es un intento de parecer más grande o más al mando.

Considere algunas de las siguientes señales que envían los brazos y las piernas a la hora de interpretar el lenguaje corporal:

- Los brazos cruzados pueden ser un signo de actitud defensiva, de autoconservación o de cerrazón.

- Estar de pie con las manos en las caderas puede mostrar que una persona está preparada y tiene el control, o podría interpretarse como hostilidad.

- Una persona que se lleva las manos a la espalda puede estar experimentando aburrimiento, ansiedad o incluso enfado.

- Dar golpecitos rápidos con los dedos o estar inquieto sugiere aburrimiento, impaciencia o frustración.

- Las piernas cruzadas pueden significar que alguien se siente aislado o necesita intimidad.

Postura

El lenguaje corporal puede incluir pistas vitales de cómo se mantiene la posición del cuerpo.

El término "postura" describe cómo sostenemos nuestro cuerpo y todo el aspecto físico de una persona.

La postura de una persona puede revelar mucho sobre sus sentimientos y pistas sobre su personalidad. Por ejemplo, si son asertivos, receptivos o serviles.

Por ejemplo, sentarse erguido puede mostrar que alguien está concentrado y presta atención a lo que ocurre. Por el contrario, encorvarse hacia delante cuando se está sentado puede sugerir que una persona está aburrida o desinteresada.

Preste atención a algunos indicios que proporciona la postura de una persona cuando intente comprender el lenguaje corporal.

Mantener una postura abierta implica dejar el tronco del cuerpo al descubierto. Las posturas de este tipo transmiten amabilidad, receptividad y disposición.

La postura cerrada incluye ocultar el tronco del cuerpo, encorvarse con frecuencia hacia delante y mantener los brazos y las piernas cruzados. Esta postura suele ser señal de ansiedad, animosidad y antipatía.

¿Se ha encontrado alguna vez con la expresión "necesidad de espacio personal"? ¿Alguna vez se ha sentido incómodo cuando alguien se le acerca demasiado?

El antropólogo Edward T. Hall utilizó por primera vez el término "proxémica" para describir la distancia que separa a las personas cuando interactúan. El espacio físico entre las personas puede transmitir tanta información no verbal como el lenguaje corporal y las expresiones faciales.

Hall esbozó cuatro niveles de distancia social que pueden existir en diversos contextos.

De 6 a 18 pulgadas a corta distancia

Este grado de separación física suele denotar una conexión más íntima o un mayor nivel de familiaridad entre las personas. Suele producirse durante un contacto físico cercano, que incluye abrazarse, hablar o acariciarse.

Alcance Individual: 1,5 a 4 pies

Esta separación física suele darse entre parientes o amigos íntimos. El grado de cercanía en una relación puede determinarse por lo cerca que se sitúan dos individuos el uno del otro mientras conversan.

De 4 a 12 Pies es la Distancia Social

Este grado de separación física se emplea frecuentemente con conocidos.

Puede que se sienta más a gusto interactuando de cerca con alguien a quien conoce razonablemente bien, como un compañero de trabajo al que ve con frecuencia.

Una distancia de 3 a 4 metros puede resultarle más cómoda cuando no conoce bien a la otra persona, como con un repartidor de correos al que solo ve una vez al mes.

De 12 a 25 pies en público

En contextos de hablar en público, este nivel de separación física se utiliza con frecuencia. Estos casos incluyen hablar delante de un aula de alumnos o hacer una presentación en el trabajo.

Las culturas difieren en cuanto al espacio personal que necesita la gente para sentirse a gusto, por lo que es importante tener en cuenta estos aspectos.

Un ejemplo que se menciona con frecuencia es la distinción entre individuos de culturas latinas y norteamericanas. Mientras que los norteamericanos necesitan un espacio personal más amplio cuando interactúan con los demás, las personas de países latinos suelen sentirse más a gusto estando más cerca unos de otros.

La importancia de la comunicación no verbal

En las interacciones sociales, el lenguaje corporal tiene muchas funciones diferentes. Puede facilitar las siguientes cosas:

Ganarse la confianza de alguien puede conseguirse estableciendo contacto visual, asintiendo con la cabeza mientras le escuchan o incluso copiando involuntariamente su lenguaje corporal.

Dejar claro un punto: Su mensaje se transmitirá de forma diferente dependiendo de su tono de voz, su lenguaje corporal, cuánto espacio ocupe y cómo interactúe con el público.

Verdades que salen a la luz: Podemos deducir que alguien está ocultando información o no está siendo completamente sincero sobre sus sentimientos cuando su lenguaje corporal no coincide con lo que está diciendo.

Centrarse en sus necesidades: Su lenguaje corporal puede comunicar mucho sobre su estado emocional. Por ejemplo, ¿tiene una postura encorvada, o tiene los labios fruncidos o la mandíbula apretada? Podría indicar que algo de su entorno le está poniendo nervioso. Su cuerpo podría estar haciéndole saber que está estresado, inseguro o experimentando cualquier otra serie de sentimientos.

Cómo comunicarse más eficazmente sin hablar

Estar atento es el primer paso para mejorar su comunicación no verbal. Intente observar las señales físicas de los demás además de las suyas propias.

Podría tender a mirar al suelo cuando alguien le cuenta una historia. En su lugar, establezca contacto visual y esboce una pequeña sonrisa para demostrar que está abierto y participa en la conversación.

Encontrar el equilibrio es la clave de un lenguaje corporal eficaz. Por ejemplo, agarrar la mano de alguien con relativa fuerza antes de una entrevista de trabajo puede transmitir profesionalidad. Sin embargo, si la agarra con demasiada firmeza, podría herir o molestar a la otra persona. Tenga siempre presente cómo pueden sentirse los demás.

Siga mejorando su inteligencia emocional. A menudo es más sencillo detectar cómo le reciben los demás cuanto más en contacto esté con sus sentimientos. Cuando alguien se muestre abierto y receptivo o, por el contrario, si se cierra en banda y necesita un poco de espacio, podrá darse cuenta.

Las personas pueden utilizar su lenguaje corporal para sentirse de una manera determinada. Por ejemplo, los estudios han demostrado que las personas con mejor autoestima y un estado de ánimo más alegre mantenían una postura sentada más erguida que las que tenían posturas decaídas mientras estaban sometidas a estrés.

Por supuesto, a menudo la comunicación verbal y no verbal y el entorno de una situación pintan una imagen completa.

Qué señales no verbales son apropiadas varía en función de la situación; no hay una respuesta única para todos. Pero si permanece atento y muestra respeto, estará en el buen camino para aprender a leer el lenguaje corporal.

Contacto visual y trucos de lenguaje corporal

- Mantener el contacto visual puede ser especialmente crucial en contextos formales o profesionales, ya que ayuda a proyectar confianza y sinceridad. Mantenga el contacto visual con la otra persona durante aproximadamente el 60% de la conversación, rompiendo de vez en cuando el contacto visual para demostrar que está escuchando en lugar de limitarse a mirarla fijamente.

- Utilice expresiones faciales positivas para transmitir interés y compromiso en la conversación. Esto incluye sonreír, asentir y utilizar otras expresiones faciales positivas.

- Mantenga un lenguaje corporal abierto: Evite apretar las manos o cruzar las piernas con fuerza, ya que pueden sugerir una posición cerrada o defensiva. Mantenga los brazos sin cruzar. En su lugar, haga un esfuerzo por mantener un cuerpo amable y abierto.

- Sea consciente de su postura. Siéntese o manténgase erguido para proyectar seguridad y concentración. Puede demostrar su participación en la conversación inclinando ligeramente el cuerpo en su dirección.

- Refleje el lenguaje corporal de la otra persona: Como ya se ha mencionado, imitar el contacto visual y el lenguaje corporal de su interlocutor puede ayudarle a establecer una buena relación. Sin embargo, asegúrese de no exagerar y hágalo solo sutilmente.

- Practique delante de un espejo Practicar delante de un espejo es un método rápido para mejorar su contacto visual y su conciencia del lenguaje corporal. Le ayudará a comprender cómo perciben los demás sus pistas no verbales y podrá detectar malos hábitos o manierismos que quizá desee concentrarse en cambiar.

- Pida comentarios: Obtener comentarios de los demás es otro método para mejorar su uso del contacto visual y el lenguaje corporal. Los comentarios le ayudarán a comprender cómo interpreta la gente sus mensajes no verbales y le ayudarán a señalar las áreas que necesitan trabajo.

- Tenga en cuenta las diferencias culturales: Como ya se ha señalado, lo que una cultura considera adecuado o acertado, el lenguaje corporal y el contacto visual pueden interpretarse de forma muy diferente en otra. Es fundamental ser consciente de estas variaciones y modificar su estilo de comunicación según sea necesario.

- Preste atención al contexto: El lenguaje corporal y el contacto visual pueden transmitir diversos significados y mensajes en función de la situación. El mejor enfoque para emplear el contacto visual y el lenguaje corporal depende de las circunstancias y de la persona con la que hable.

- Manténgalo natural: Aunque ser consciente de su lenguaje corporal y del contacto visual es vital, también es crucial evitar pensarlo demasiado o parecer rígido o forzado. En lugar de intentar controlar a la otra persona, comuníquese con ella a través del contacto visual y el lenguaje corporal con naturalidad y confianza.

- Mantener un contacto visual firme ayuda a establecer una conexión más fuerte con la otra persona y le permite generar confianza. Esto es especialmente crucial a la hora de crear relaciones de éxito que dependen de la credibilidad y la confianza.

- Utilice el lenguaje corporal para expresar emociones: Además de la comunicación verbal, el lenguaje corporal se utiliza para expresar muchas emociones, como la alegría, la rabia o la pena. Como resultado, su comunicación será más rica y profunda, lo que aumentará su impacto.

- Practique la escucha activa: Estas pistas no verbales son cruciales para demostrar que está prestando atención a lo que dice la otra persona y que utiliza el contacto visual y el lenguaje corporal para expresar su significado. Supongamos que quiere transmitir que está escuchando y participando en la conversación. En ese caso, puede asentir con la cabeza, hacer expresiones faciales alentadoras y mantener un contacto visual aceptable.

- Establecer un contacto visual directo con alguien es un método excelente para conectar con él más profundamente y demostrar empatía. Cuando intente consolar a alguien disgustado o vulnerable, esto es crucial.

- Utilice su lenguaje corporal para proyectar autoridad: Cuando haga una presentación o dirija una reunión, es esencial proyectar confianza y autoridad a través de su lenguaje corporal. Esto implica mantener una postura erguida al estar de pie o sentado, establecer un fuerte contacto visual y enfatizar los puntos con gestos.

- Sea consciente de su entorno: El contexto en el que se emplean el contacto visual y el lenguaje corporal puede influir en su significado y relevancia. Por ejemplo, puede resultar más difícil establecer un contacto visual fuerte o utilizar el lenguaje corporal para transmitir un mensaje en un entorno ajetreado o ruidoso. En estas circunstancias, puede ser esencial comunicarse utilizando canales alternativos, como las señales verbales.

- Establezca el dominio manteniendo un contacto visual fuerte: En algunas circunstancias, mantener un fuerte contacto visual puede ser una técnica utilizada para demostrar su autoridad o establecer el dominio. Sin embargo, utilizar el contacto visual de forma aceptable para la circunstancia es crucial, y tenga en cuenta la posibilidad de que esto pueda parecer agresivo o de confrontación.

- Utilice un lenguaje corporal positivo para transmitir interés: Inclinándose ligeramente, asintiendo y mostrando expresiones faciales positivas, transmitirá que está interesado en lo que dice la otra persona y que participa en la conversación. Establecerá una relación más sólida.

La información de este capítulo le ayudará a mantener un lenguaje corporal y un contacto visual positivos, haciendo que la comunicación no verbal sea mucho más fácil y comprensible.

Capítulo 9: 5 secretos cotidianos para dominar las habilidades sociales

Si ha llegado hasta aquí en el libro, está trabajando duro. Ya ha dado el primer paso para convertirse en una persona más segura de sí misma y más hábil socialmente. Es consciente de la importancia de estas habilidades y de cómo pueden ayudarle en todos los aspectos de la vida. Ahora es el momento de poner en práctica esos conocimientos.

A diferencia de asignaturas como las matemáticas o las ciencias, las habilidades sociales deben aprenderse a través de la experiencia. Aprender a enfrentarse a los conflictos, hacer amigos y desenvolverse en grupos es principalmente una cuestión de ensayo y error cuando se es joven. Los niños probarán diferentes estrategias a medida que lo van descubriendo, técnicas que no necesariamente funcionan para todo el mundo. Aprender a navegar por el mundo social puede ser una experiencia desafiante. Requiere tiempo, paciencia y un entorno de apoyo.

Las habilidades sociales se aprenden con la experiencia y la exposición a diferentes situaciones
https://www.pexels.com/photo/group-of-people-drinking-beer-and-having-fun-3009773/

¿Qué son las habilidades sociales?

Las habilidades sociales son la capacidad de interactuar con los demás de forma positiva y productiva. Incluyen escuchar, observar, hacer preguntas y expresar sus sentimientos y opiniones. La gente se centra en las interacciones cotidianas cuando piensa en las habilidades sociales. Por ejemplo, puede saludar a un amigo en el pasillo, iniciar una conversación con alguien en una fiesta o decirle a alguien cómo se siente sobre algo. Sin embargo, las habilidades sociales tienen una definición aún más amplia. Son fundamentales para tener éxito en la escuela, el trabajo y la vida. Las habilidades sociales incluyen algo más que la capacidad de interactuar con los demás; incluyen su capacidad para gestionar sus emociones, resolver problemas y pensar de forma creativa.

La confianza o la motivación para desarrollar habilidades sociales puede ser difícil si lucha contra la ansiedad. Puede mejorar significativamente su capacidad para desenvolverse en las situaciones cotidianas dando pequeños pasos. Los siguientes consejos le ayudarán a iniciar el camino correcto.

1. Empiece poco a poco

Empiece poco a poco si le abruma la idea de desarrollar habilidades sociales. Empiece por identificar un área específica que desee mejorar. Si quiere hablar con alguien, busque a una persona de aspecto afable que no esté hablando por teléfono ni lleve auriculares (en otras palabras, elija a alguien como usted). Encuentre algo en común con ellos; quizá tengan el mismo libro que usted.

Practique hablando con una cajera de su supermercado local. También puede hacer un cumplido o decir "gracias" cuando alguien le abra la puerta. No se preocupe por ser perfecto. Céntrese en hacerlo lo mejor posible. Si tiene dificultades en un área, cambie de enfoque y experimente con diferentes estrategias hasta que encuentre algo que le funcione.

Si le resulta difícil iniciar una conversación con desconocidos, puede practicar con un amigo o un familiar. Intente representar y actuar diferentes escenarios que podrían surgir en una conversación con una persona nueva, por ejemplo, conocer a un desconocido atractivo o hablar con alguien en una fiesta.

2. Haga un seguimiento de sus progresos

A medida que practique las habilidades sociales, lleve un registro de sus progresos. Lleve un diario o una agenda y anote los casos en los que ha utilizado la nueva habilidad y cómo le ha ido. Medir su progreso le ayudará a mantenerse motivado, y ver cuánto ha mejorado con el tiempo le servirá de guía para futuras acciones. Considere los siguientes pasos para medir el progreso de forma eficaz:

Identifique sus objetivos

Con la charla trivial, su objetivo puede ser tan sencillo como hacer un cumplido o más avanzado, como una conversación entera. Cuanto más detallados sean sus objetivos, más fácil será medir el progreso. Por ejemplo, si el objetivo es conseguir que una conversación dure 15 minutos, será más fácil medir los progresos que si el objetivo es mantener una conversación trivial. Una vez identificados sus objetivos, escríbalos. De este modo, determinará si sus esfuerzos están dando fruto y qué áreas necesitan más trabajo.

Fije una fecha límite

Como introvertido, es fácil procrastinar las tareas sociales diciendo: "Lo haré más tarde". Sin embargo, si se obliga a completar una tarea en una fecha determinada, esta se vuelve más concreta en su mente y menos intimidante. Por ejemplo, si quiere entablar una conversación trivial con un conocido del trabajo, pero aún no lo ha hecho, fíjese como plazo una semana a partir de hoy.

Establezca hitos

Los hitos son objetivos intermedios que le ayudan a ir del punto A al punto B. Por ejemplo, si quiere salir con más gente, fíjese como hito mantener una conversación con alguien nuevo cada semana. Si quiere establecer contactos, pero no sabe por dónde empezar

1. Fíjese el hito de ponerse en contacto con su asociación de antiguos alumnos.

2. Una vez fijado el hito, anótelo en su calendario.

3. Lleve un registro de cómo le va con respecto a su objetivo para poder ajustarlo si es necesario. Por ejemplo, si quiere salir con más gente, pero solo lo hace una vez a la semana, fíjese dos objetivos para la semana siguiente (en lugar de uno).

Documente sus progresos

La mejor forma de rendir cuentas es llevar un registro de cómo le va. Puede ser tan sencillo como anotar su hito en un papel y ponerlo en algún lugar donde lo vea con frecuencia. Otra posibilidad es mantener una hoja de cálculo con todos sus hitos de creación de redes para que pueda ver fácilmente en qué punto se encuentra para cumplirlos. Si ha establecido un socio o equipo de rendición de cuentas, comparta los informes de progreso, para que sepan lo que está ocurriendo en su vida.

Establezca un sistema de recompensas para el final de cada semana si ha alcanzado todos sus hitos. No tiene que ser nada extravagante, solo algo que le haga sentirse bien consigo mismo.

Recuerde: no se trata de lo rápido que pueda alcanzar sus hitos; se trata de cumplirlos a largo plazo.

1. Practique los buenos modales

Los buenos modales son una parte crucial de las conversaciones triviales. La forma en que se presenta, su tono de voz y cómo interactúa con los demás pueden hacer o deshacer su conversación. Practicar es la mejor manera de adquirir el hábito de los buenos modales. Observe a las personas que le rodean y fíjese en cómo interactúan entre sí. Cuando alguien cerca de usted esté hablando, preste atención a lo que dice y a cómo lo dice. Tome nota de su tono, lenguaje corporal, expresiones faciales y gestos: todo lo que contribuye a su imagen general.

Una forma excelente de practicar es viendo una película o un programa de televisión. Cuando los personajes estén conversando, observe lo que hace único a cada personaje y utilice esa información cuando hable con alguien nuevo. Cuando esté en el trabajo o en la escuela, preste atención a cómo interactúan sus maestros y profesores con los alumnos. Si están conversando con alguien, averigüe qué les hace únicos. ¿Son divertidos? ¿Serios? ¿Relajados? ¿Acostumbrados a los negocios? Fíjese en las cosas que hacen diferente a la gente y utilice esos rasgos cuando hable con alguien nuevo. Descubrirá que cuanto más preste atención, más fácil le resultará hablar con la gente.

2. Compórtese como una persona sociable

Es posible que haya oído el dicho "fínjalo hasta que lo consiga", que significa que si actúa como una persona segura de sí misma y con éxito, acabará contagiándose de su comportamiento. El mismo concepto se aplica al comportamiento social. Si quiere mejorar su capacidad para entablar conversaciones triviales y establecer contactos, practique a diario. He aquí algunos consejos que le ayudarán a conectar mejor con los demás. Pruébelos y vea cuáles le funcionan mejor; si ninguno le funciona, idee su propia forma de conectar.

Hágalo por las razones adecuadas

La gente recurre al entrenamiento en habilidades sociales por muchas razones: para tener más confianza en sus interacciones con los demás o para mejorar sus habilidades comunicativas para conseguir un trabajo o una relación de ensueño. Sin embargo, si quiere mejorar en las conversaciones triviales y en la creación de conexiones, su motivación debe provenir de un lugar de interés propio más que de la necesidad de aprobación o validación. Por ejemplo, si su objetivo es tener más confianza al hablar con desconocidos en las fiestas, céntrese en cómo le beneficiará (por ejemplo, haciendo nuevos amigos, divirtiéndose). Si lo que le motiva es ser un gran conversador y recibir elogios de los demás por esta habilidad, su presión interna le creará ansiedad sobre si se le ve con talento cuando hable con gente nueva.

Haga cumplidos

Si quiere establecer una relación sólida con alguien, hacerle cumplidos es una de las mejores maneras. No significa decir a la gente que tiene buen aspecto o que ha hecho un buen trabajo en algo, sino encontrar cosas concretas de su personalidad y su comportamiento que admire (por ejemplo, su sentido del humor, su inteligencia, etc.).

Elogiar a un colega por su presentación o comentar el diseño de la camisa de alguien puede servir para romper el hielo. Sin embargo, debe salir del corazón, no solo de su boca. He aquí algunos consejos para hacer un cumplido sincero:

Preste atención a lo que realmente le gusta de la persona para que se sienta realmente valorada y apreciada.

- No sea obvio. En su lugar, fíjese en las pequeñas cosas que hacen única a una persona, como su comida o afición favoritas, y utilícelas para transmitir lo que tiene de especial y convertirlo en una experiencia memorable para ambos.

- No se base en los mismos cumplidos o respuestas de siempre. En su lugar, preste atención a las peculiaridades de la personalidad y elogie esas en su lugar.

Involúcrese

Sentarse y observar cómo se desarrolla la fiesta puede ser tentador si evita las situaciones sociales. Sin embargo, es mucho más útil implicarse. Considere la posibilidad de encontrar un pasatiempo social, como el voluntariado en organizaciones benéficas locales o el aprendizaje de un nuevo idioma, que le ayude a entablar conversaciones triviales con regularidad. Si le resulta difícil iniciar conversaciones, recuerde que hay al menos un tema sobre el que todos los participantes pueden establecer un vínculo: su interés mutuo por la actividad.

Organice un brunch

El brunch es una excelente oportunidad para socializar con amigos, familiares y compañeros de trabajo. También es una oportunidad perfecta para quienes tienden a la timidez o la torpeza en las fiestas y las charlas triviales. El ambiente informal de un brunch ayuda a relajarse y a sentirse a gusto. Puede elegir juegos o actividades para que la gente hable y ría junta. Algunas ideas para actividades de brunch incluyen

Charadas

- Pictionary
- Juegos de trivial (con preguntas sobre comida, cocina o entretenimiento)
- Búsqueda del tesoro

Apúntese a una clase

Debe exponerse a diferentes entornos sociales para relacionarse con gente nueva. Apuntarse a clases que le interesen, como cocina o pintura, puede ayudarle a ampliar su círculo social y a desarrollar nuevas habilidades. Inicie una conversación con alguien que esté tomando el curso; hablar es más fácil cuando las personas comparten intereses comunes. Si no conoce a nadie que esté tomando la misma clase, considere la posibilidad de unirse a un grupo de encuentro o a un club social que ofrezca clases similares.

Concierte una cita

Si se siente más cómodo con las interacciones uno a uno que con los grupos grandes, siga el ejemplo de los que tienen citas. En lugar de salir con todo su grupo, tenga una cita. Es una excelente oportunidad para entablar una pequeña charla con una persona nueva, y es aún mejor si tienen algo en común. Puede pedir citas a la gente a través de las redes sociales o en persona si es valiente. Si le preocupa el rechazo, no lo haga. Muchas personas se sienten halagadas cuando alguien les invita a salir.

Manténgase al día de la actualidad

No hace falta ser un adicto a las noticias para estar al tanto de la actualidad. A la mayoría de la gente le gusta hablar de lo que ocurre en la política y la cultura pop, así que es una forma estupenda de iniciar una conversación. Haga una pregunta si no está seguro de cómo sacar un tema. Por ejemplo: "¿Qué opinas del último tuit de Trump?" o "¿Viste los Oscar anoche?".

Si es más aventurero, comparta su opinión sobre un acontecimiento de actualidad. Puede ser tan simple como decir: "Creo que el tuit de Trump fue ridículo". Puede que no estéis de acuerdo, pero al menos tendréis algo de lo que hablar.

3. Práctica y repetición

Debe dedicar tiempo y energía a mejorar sus habilidades para convertirse en un maestro de la charla trivial. Es algo más complejo que decir unas palabras y marcharse. Para perfeccionar sus habilidades conversacionales, hable con todo el mundo. Todo el mundo tiene algo interesante que decir, desde la cajera del supermercado hasta su jefe o sus compañeros de trabajo. Estos son los lugares por los que puede empezar:

Practique frente al espejo

Mírese al espejo y practique lo que quiere decir en voz alta (no se mire directamente a sí mismo). Este ejercicio le ayudará a ser consciente de lo que suena natural o incómodo en sus patrones de habla y tonos de voz, lo que le ayudará a mejorar su entrega.

Redes sociales

Si le da miedo entablar conversaciones con desconocidos, entable conversaciones triviales en Internet antes de acercarse a alguien en la vida real. Se sentirá cómodo con la idea de hablar con la gente y le permitirá comprender mejor cómo acercarse a alguien que no le conoce. Si esto le suena raro o demasiado parecido a las citas en línea, no se preocupe; puede hablar de cualquier cosa, desde el tiempo hasta un artículo interesante que haya leído en Internet.

Le quita parte de la presión y puede ayudarle a practicar la conversación en un entorno de bajo riesgo. Tendrá tiempo para pensar detenidamente sus respuestas y no se sentirá presionado para que se le ocurra algo ingenioso en el acto. Recuerde que las conversaciones en línea no pueden sustituir a la charla en persona. El objetivo de este ejercicio es practicar cómo hablar con la gente y sentirse cómodo con ello.

Amigos y familiares

Sus amigos y familiares son las personas perfectas para empezar a practicar. Le conocen bien, así que pueden ayudarle a sortear los momentos incómodos y ofrecerle comentarios constructivos. También es más fácil hablar de la actualidad cuando se comparten intereses; por ejemplo, si una amiga está planeando su boda o su madre está recibiendo quimioterapia.

Es más difícil hablar de temas personales con personas que solo le conocen desde hace unos minutos, así que practique fingiendo que no es un desconocido o que es un compañero de trabajo. Le obligará a pensar en lo que dice en lugar de dejar que la conversación fluya innecesariamente.

Compañeros de trabajo

Sus compañeros de trabajo son personas con las que interactúa habitualmente, por lo que son una gran fuente de conversación. Si tiene compañeros de trabajo que no son sus amigos, puede ser más difícil practicar con ellos. Ellos son parte de la razón por la que está nervioso en primer lugar. No sabe si les caerá bien o le juzgarán por decir algo incorrecto. Así que, cuando practique con compañeros de trabajo, no se centre en lo que piensen de usted. En su lugar, céntrese en ser usted mismo y en facilitar la conversación para ambos. Por ejemplo, si uno de sus compañeros de trabajo le pregunta cómo le ha ido el fin de semana, intente no decir "bien" o "normal". Piense en algo concreto que haya sucedido, así hablará de algo más interesante que limitarse a decir que estuvo bien.

Si tiene problemas para dar con un tema de conversación, considere la posibilidad de preguntar a sus compañeros sobre su último proyecto de trabajo o los cotilleos de la oficina. Le dará algo de lo que hablar y mostrará interés por lo que ocurre a su alrededor. También puede preguntar a sus compañeros sobre sus aficiones o cuánto tiempo llevan trabajando allí.

Trabajadores del comercio minorista

En su día a día verá a muchos trabajadores del comercio minorista. Puede que esté de compras con un amigo o un familiar y tenga que esperar en la cola de la caja, o puede que esté en la tienda y busque algo en particular. Sea cual sea el caso, tiene la oportunidad de entablar una conversación trivial con la cajera.

Puede preguntar a la cajera por el tiempo, las últimas noticias o incluso por su día. Si hay otras personas en la cola con usted, inicie una conversación con ellas. Un simple saludo como "Hola, ¿qué tal?" es suficiente para iniciar una conversación. También puede preguntarles qué les parece trabajar en la tienda o su experiencia allí.

Si cree que entablar una conversación trivial en la cola de la caja no es su fuerte, hay otras cosas que puede hacer para que la experiencia sea más agradable. Una opción es sonreír y saludar a todos los que estén en la cola con usted. Puede parecer un pequeño gesto, pero demuestra que usted es amable y accesible. También puede deambular por la tienda y entablar una conversación agradable con los empleados u otros clientes. Inicie la conversación pidiéndoles su opinión sobre un producto o consejo sobre qué comprar.

Extraños

Casi siempre se topa con extraños; en la calle, en una tienda o en la cola del banco. Puede que se sienta incómodo o incómoda porque no se conocen, pero aun así puede hacer que estos momentos sean agradables. Para causar una buena primera impresión, sonría y salude a la persona. Si responden positivamente, pregúnteles cómo les va el día.

Si la persona que pasa parece perdida o confusa, sonría y diga: "¿Necesita ayuda?" o "¿Necesita indicaciones?". Ofrecerse a ayudar romperá el hielo entre desconocidos y dará lugar a una conversación agradable. Si está en la cola del banco, pregúnteles cuánto tiempo llevan esperando o qué opinan de los nuevos procedimientos de seguridad aplicados recientemente. Le ayudará a pasar el tiempo y hará que ambas partes se sientan más cómodas entre sí. Si necesita un corte de pelo, pero no sabe dónde ir, pregunte a otra persona de la cola si puede recomendarle un lugar cercano. Si un desconocido lleva una pieza interesante de joyería o ropa y le gustaría saber dónde la compró, pregúntele.

Aprender a conversar y a mantener conversaciones triviales es un proceso complejo. Es una habilidad que lleva tiempo desarrollar y dominar. Aunque un montón de consejos y trucos pueden ayudarle a aprender a mantener conversaciones triviales, la mejor forma de mejorar es haciéndolo. Debe exponerse y enfrentarse a sus miedos sin rodeos. Cuanto más practique, más fácil le resultará. Aprenderá a equilibrar el hecho de hablar de sí mismo con el de escuchar a los demás y a mantener una conversación para que la gente quiera volver a hablar con usted. Una vez que domine el arte de la charla trivial, socializar le resultará mucho más fácil. Le abrirá más oportunidades en su vida personal y profesional. Hará amigos con más facilidad, establecerá contactos en eventos e incluso conseguirá mejores trabajos en empresas que buscan a alguien que pueda conversar fácilmente con los demás. La próxima vez que salga, entable una conversación trivial con la gente que le rodea. No importa si es en un evento de negocios o en un bar con amigos, entre y empiece a hablar.

Bonus: Lista de comprobación de la charla trivial

Enhorabuena por haber terminado los nueve capítulos de este libro y haber ampliado sus conocimientos sobre la charla trivial. Es posible que quiera más consejos o seguir dominando lo que ha aprendido (si aún no lo ha hecho).

Recibirá una bonificación por su determinación. Todos los puntos importantes que leyó en los nueve capítulos se presentan como recordatorios en este capítulo extra. Son útiles, sobre todo cuando no quiere olvidar algo. Se le proporciona una lista de comprobación en forma de cuerpo de letra para ayudarle a seguir sus progresos en el dominio de la charla trivial.

En el mundo actual, las habilidades sociales son esenciales. Le permiten relacionarse, comunicarse y conectar con los demás. Es necesario avanzar por la vida con una mayor sensación de plenitud y formar amistades. La habilidad para entablar conversaciones triviales le beneficiará enormemente en su vida.

Conozco la habilidad social más importante

Según el diccionario de Cambridge, el significado de charla trivial es una "conversación sobre cosas sin importancia, a menudo entre personas que no se conocen bien".

La charla trivial es una conversación ligera e informal que implica poco más que cháchara ociosa. Es una forma de intercambiar cumplidos y de conocerse mejor en un entorno social. A menudo se utiliza para establecer una buena relación y crear un ambiente amistoso. La charla trivial puede versar sobre diversos temas, como el tiempo, la actualidad, las aficiones y otros intereses generales. No pretende ser profunda ni significativa, sino más bien una forma de que la gente conecte y participe en interacciones sociales.

Todo el mundo en el planeta está constantemente conversando con alguien. Puede entablar conversación con un completo desconocido en cualquier lugar, incluso en aviones, convenciones, fiestas, aulas, oficinas y otros encuentros similares. La charla trivial puede dar lugar a algunas de las conversaciones más interesantes.

Aunque la charla trivial es importante, debe saber que conversar sobre temas distintos a la charla trivial es igualmente importante. Las personas con ansiedad social, baja autoestima o timidez suelen evitar las conversaciones triviales. No puede comunicarse eficazmente sin estas u otras habilidades sociales. Entonces, ¿cómo se acerca a alguien?

- Supere su timidez, converse más con las personas que ya conoce
- Aumente su confianza y, a su vez, su carisma
- Asista a eventos
- Vea películas y documentales centrados en el arte de hablar
- Lea libros

Si aún no lo ha hecho, se dará cuenta de que la charla trivial es una habilidad social importante y útil, si no la más importante.

- Hablar poco es bueno para iniciar una conversación
- La charla trivial le ayudará a establecer conexiones o a reforzar las que existen entre usted y los demás. Una buena relación es importante para el crecimiento personal
- Ayuda a aumentar su confianza y su fluidez al hablar
- Le permite desarrollar muchas más habilidades sociales como la comunicación, la escucha activa y la cooperación

He superado la dificultad que conlleva la charla trivial

Es posible hacerse una idea equivocada de lo difícil que es hablar poco con solo leer o escuchar a alguien hablar de ello. Sin embargo, puede resultar difícil debido a varios factores, como la poca confianza en uno mismo, la ansiedad social, las habilidades sociales deficientes como un tono vocal pobre, gestos torpes, un lenguaje corporal pobre y la falta de educación social. La baja autoestima y la introversión también son factores.

Si experimenta dificultades, no debe preocuparse porque pueden superarse. Aunque muchas de estas dificultades requieren que busque ayuda médica de un profesional de la salud mental, los siguientes consejos y técnicas pueden ayudarle a superarlas. La lista de comprobación que figura a continuación describe en primer lugar las dificultades, seguidas de las posibles soluciones. Seleccione solo las que se apliquen a usted.

- Poca confianza en sí mismo - Recuérdese que es tan interesante y audaz como los demás.

- Ansiedad social - Fíjese el objetivo de decir tanto sobre usted como la otra persona en su próxima conversación. Puede practicar primero con un amigo íntimo. Hágalo con regularidad.

- Baja autoestima - Reconozca en qué es bueno, siga haciéndolo y aprenda a ser asertivo.

Soy introvertido, pero puedo hacer algunos trucos con la charla trivial

Ser introvertido en el mundo real es difícil. A diferencia de los extrovertidos, que obtienen energía de las pequeñas y grandes conversaciones allá donde van, los introvertidos se ven agotados por ellas. Esto se debe a varias causas naturales. Una de ellas es que los introvertidos suelen creer que las conversaciones triviales son demasiado superficiales para sus almas introspectivas.

Forbes enumera ocho técnicas para superar las charlas triviales siendo introvertido. Estas son las cosas que debe hacer continuamente.

- Busque afirmaciones como: "Soy digno de la felicidad y el éxito" o "Me mantengo fiel a mi naturaleza, vivo en paz y soy excelente comprendiendo a los demás". Estas afirmaciones ayudan a reducir la ansiedad.

- Sea amable consigo mismo y haga cosas por usted.

- Haga preguntas para mantener la conversación y alejarse del primer plano.

- Añada chismes jugosos a sus respuestas. Por ejemplo, cuando le pregunten qué hizo el fin de semana, en lugar de decir que fue a ver una película, diga: "Fui al cine a ver Titanic. Me encantó la parte en la que Jack da su vida por Rose. ¿La ha visto?".

- Cuando converse, haga siempre preguntas abiertas para profundizar en la conversación.

- Canalice su curiosidad interior para averiguar cómo es la otra persona.

- Reconozca las pistas para responder adecuadamente. Practique esto con personas conocidas.

- Considere siempre significativa la conversación trivial practicando ser intencionado.

Puedo conversar utilizando cualquiera o todos los mejores temas de conversación trivial

Recuerde que ciertos temas son aceptables en cualquier reunión social y le ayudarán a entablar una buena conversación trivial. Los expertos en charlas triviales le dirán que ciertos temas hacen que una conversación fluya con naturalidad. Estos son los temas

• La familia

Puede preguntar: "¿Cómo está su familia?". O hacer cumplidos como: "Acabo de ver a su marido y a los niños. Tienen un hogar increíble. ¿Cuál es el secreto?".

• Arte y entretenimiento

Si nadie habla de arte y entretenimiento, ¿es que alguien habla? Sin embargo, debe saber cuándo plantear este tema.

• Cotilleos de famosos

Este tema funcionaría bien en fiestas, en el parque de atracciones e incluso en la escuela.

• Trabajo

Aunque es un buen tema para iniciar una conversación, no debería hablar de su trabajo cuando no esté buscando nuevos amigos.

• Aficiones

Este es un buen tema. Sin embargo, algo tiene que llevar a esta conversación, como hablar de ciudades natales.

• Viajes

Puede sacar este tema en los aeropuertos. Podría decir: "Veo que va a XYZ. ¿Es su primera vez?".

- **Deportes**

No todo el mundo ve deportes, así que debe ser exigente y tampoco sacar el tema en todas partes.

- **El tiempo**

Cuando dos estadounidenses se conocen, se suele decir que su primera conversación es sobre el tiempo; "Oye amigo, me encanta el tiempo que hace hoy y cómo me acaricia el viento. Usted también lo siente, ¿verdad?". Esto les lleva a sus discusiones más importantes.

Conozco los peores temas para una charla trivial

Algunos temas son los más apropiados para una charla trivial, mientras que otros arruinarán sus conversaciones y le expondrán como un vaciador.

- **La apariencia**

A todo el mundo le gusta que le hagan cumplidos, pero tenga mucho cuidado al hablar de la apariencia de alguien.

- **Chistes ofensivos**

La palabra clave aquí es "ofensivo". Ya conoce el procedimiento.

- **Muerte**

Nunca utilice este tema para su charla trivial, ni siquiera en un funeral, especialmente con la persona que está de luto.

- **Relaciones pasadas**

Este tema también es un no-no, como la Muerte. No debería abrir su conversación con este tema al conocer a alguien.

- **Política y religión**

¿Está buscando una forma de poner fin a una relación antes de que empiece? Utilice este tema.

- **Finanzas**

Manténgase alejado de este tema inicial a menos que se encuentre en una reunión en la que se hable de finanzas o esté comunicando un asunto en el banco.

Otros temas prohibidos son el sexo, la salud y los temas estrechos.

Puedo entablar una conversación con cualquiera

Existen varios enfoques para entablar una conversación con un desconocido. Tres escenarios le recordarán lo tratado en el capítulo 6.

- ¿Está en una fiesta? Haga preguntas abiertas como: "¿Por qué eligió esa carrera universitaria?" o "¿Cómo ve el futuro?".

- ¿En el transporte público? Puede empezar haciendo un cumplido a alguien, pero sin hablar de su aspecto.

- ¿En un centro de visión deportiva? Hable del último partido jugado por los respectivos equipos.

Recuerde que entablar una conversación con un desconocido depende de las circunstancias y del entorno. Más allá de todo esto, hay algunos consejos que le ayudarán a entablar una conversación con cualquier persona.

- No sea pesimista
- Evite quejarse
- Practique la escucha activa
- Manténgase positivo
- Haga siempre cumplidos
- Hable de temas optimistas
- Cambie de tema si se pone incómodo

Conozca algunas preguntas infalibles para hacer a cualquiera

Ha progresado más allá de aprender cómo iniciar una conversación y comprender lo que se debe y no se debe hacer en una charla trivial. Hacer preguntas a la gente, concretamente preguntas infalibles, es el siguiente nivel de la charla trivial.

Una pregunta infalible es sencilla pero impecable y segura. Nada puede salir mal. En el capítulo 7 se enumeran cincuenta preguntas infalibles para que incluso la charla trivial más incómoda parezca fácil. El arte, el tiempo, los deportes, la familia, los viajes, el trabajo, el ocio, la comida, las aficiones, los cotilleos de famosos, la ciudad natal y otros temas relacionados generan estas preguntas. He aquí algunos ejemplos.

- ¿Qué estaría haciendo si no estuviera trabajando aquí?
- ¿Cómo llegó a ser [cargo]?
- ¿Qué sería si solo pudiera comer una cosa durante el resto de su vida?
- ¿Cuál es la mejor "joya escondida" de por aquí?
- Si pudiera volar a cualquier parte, ¿a dónde iría?

Domino el arte del lenguaje visual y corporal

Formular preguntas infalibles es una forma excelente de iniciar una conversación y llevarla tan lejos y profundamente como desee. Sin embargo, seguir un solo método es insuficiente para establecer una buena conexión. Las conversaciones triviales tienen más éxito cuando se establece contacto visual y se utiliza el lenguaje corporal. Lo que no podemos o no queremos decir puede comunicarse a través del contacto visual y el lenguaje corporal.

Los siguientes son ejemplos de contacto visual y lenguaje corporal habituales:

- Mirada ocular, que muestra atención
- Parpadeo rápido, que puede ser un signo de angustia
- Apretar los labios para mostrar desagrado
- Apretar los puños para mostrar enfado o solidaridad
- Cruzar los brazos podría significar estar a la defensiva o ser una forma de apoyar el cuerpo
- Hacer expresiones faciales para mostrar confusión, enfado o felicidad
- Algunos de los beneficios de estos actos son
- El contacto visual constante hace que la gente se centre en la conversación
- Mantener el contacto visual y proyectar el lenguaje corporal mejora la comprensión y la comunicación y la confianza que la otra parte tiene en usted
- Ayuda a captar las verdades más rápidamente, ya que el lenguaje corporal o el contacto visual de alguien tiene que coincidir con lo que dice
- Es una válvula de escape para mostrar cómo se siente

Aunque la gente suele comunicar lo que es verdad a través de su lenguaje corporal, debe recordar que sus suposiciones pueden no ser siempre exactas.

Conozco y practico los secretos para dominar las habilidades sociales

Si ha seguido diligentemente todas las listas anteriores, estará de acuerdo en que los pasos son útiles. Debe preguntarse: "¿Cuál es el camino a seguir?" o "¿Cómo puedo mejorar en las conversaciones triviales?". La respuesta sencilla, el secreto de los maestros en cualquier campo del mundo, es la PRÁCTICA.

La práctica perfecta (practicar en el momento adecuado, en el lugar adecuado y con las herramientas adecuadas) realmente hace al maestro. Como ocurre con muchas otras guías, las personas que lean este libro querrán ver resultados inmediatamente, y algunas querrán ver resultados incluso antes de leer el primer capítulo. Aun así, nadie se convierte en experto en nada de la noche a la mañana. Su dedicación a la práctica de las habilidades determinará si se convierte en un experto.

¿Cuál es la importancia de la repetición diaria y la práctica constante?

- Le ayuda a transferir sus habilidades del estado consciente al subconsciente
- Ayuda a fortalecer las conexiones del aprendizaje en el cerebro
- Aumenta la confianza
- Mejora la velocidad
- Conduce a la maestría

Además de practicar con personas que conoce, debe salir al mundo real y hacerlo. Intentar e iniciar una conversación con desconocidos en el transporte público, en salas de espera, tiendas u otros lugares públicos es un buen punto de partida para practicar la charla trivial y las habilidades sociales y, con el tiempo, convertirse en un experto.

Puede que haya oído o dicho alguna vez: "Odio las conversaciones triviales", pero apuesto a que ahora tiene una mentalidad diferente y entablará con gusto conversaciones triviales en cualquier momento y lugar, mejorando sus habilidades sociales sobre la marcha. Ningún libro puede obligarle a entablar una conversación; eso depende de usted, y practicar es el mejor punto de partida.

La charla trivial puede hacer maravillas. Además de fomentar las relaciones interpersonales, promueve la confianza y el respeto. Una buena conversación trivial siempre mostrará su competencia lingüística y familiaridad con su entorno y ocupación. La charla trivial es el primer paso para hablar con cualquiera o entablar relaciones fructíferas con los demás.

¿Hasta dónde ha llegado?

- ☐ ¿Escucho activamente a la otra persona y muestro interés por lo que dice?

- ☐ ¿Hago preguntas abiertas para que la conversación fluya?

- ☐ ¿Comparto anécdotas o historias personales para relacionarlas con el tema en cuestión?

- ☐ ¿Recuerdo y traigo a colación conversaciones anteriores o detalles sobre la otra persona?

- ☐ ¿Utilizo un lenguaje corporal apropiado, como establecer contacto visual y sonreír?

- ☐ ¿Me mantengo alejado de temas controvertidos o delicados?

- ☐ ¿Soy capaz de mantener una conversación ligera y positiva?

- ☐ ¿Mantengo el equilibrio en la conversación, dejando hablar a la otra persona?

- ☐ ¿Utilizo el humor y la risa adecuadamente en la conversación?

- ☐ ¿Me esfuerzo por terminar la conversación de forma educada y fluida?

Conclusión

Dado que hay tantos individuos en el mundo, debemos entablar conversaciones constantemente. Estas conversaciones suelen comenzar con una charla trivial, que el diccionario de Cambridge define como "hablar de cosas sin importancia, a menudo entre personas que no se conocen bien".

La charla trivial es una habilidad social que le permite conversar con cualquier persona sobre cualquier tema. Entablar una conversación trivial es una forma estupenda de crear seguridad en uno mismo y relaciones duraderas. Las personas que tienen dificultades con las situaciones sociales suelen encontrar tediosas estas charlas cortas. La buena noticia es que se puede mejorar en ello.

Las estrategias para entablar conversaciones triviales que se exponen en este libro ayudan a los introvertidos a divertirse en el mundo. Si es usted introvertido y quiere participar activamente en las artes, puede buscar la afirmación, ser amable consigo mismo, hacer preguntas abiertas y ajustar su actitud hacia la charla trivial.

Algunos de los temas de charla trivial más interesantes y atractivos son sobre la familia, los amigos, las aficiones, el tiempo, las artes y el espectáculo, los viajes y los cotilleos de famosos. Los temas sobre la apariencia, los chistes obscenos, la muerte, la política, la religión y las relaciones anteriores deben evitarse al entablar conversaciones informales.

Es posible entablar una conversación con un desconocido de diferentes maneras, y los temas de los que hable variarán en función del contexto. Debe conocer el tema que más se corresponda con su entorno.

Preste mucha atención a los consejos que se ofrecen en este libro para que pueda tener éxito. Si la conversación le resulta incómoda, debe mantener una actitud alegre, complementar a la otra persona y cambiar de tema. Lo mejor sería que no tuviera una visión negativa de la vida y evitara quejarse.

Su juego de charla trivial está incompleto cuando no sabe hacer preguntas, sobre todo preguntas infalibles. Una pregunta infalible es sencilla, impecable y segura: nada puede salir mal.

El dominio del lenguaje visual y corporal es otro nivel de la charla trivial. Estas artes llevarán su charla trivial tan lejos como desee porque es una forma de comunicar lo que no se puede decir. Los ejemplos de este libro mejorarán su comunicación y aumentarán su confianza en los demás.

La práctica es la única forma de dominar cualquier habilidad, incluidas las habilidades sociales. La práctica hace al maestro (practicar en el momento adecuado, en el lugar adecuado y con las herramientas adecuadas). Aumentará su confianza y mejorará sus habilidades transfiriéndolas del consciente al subconsciente.

Probablemente haya leído este libro porque quería aprender a ser más sociable o siente curiosidad por la psicología. La charla trivial hace maravillas; puede hablar con cualquiera utilizando esta habilidad. Utilice la lista de comprobación para afinar y alcanzar sus objetivos.

La lectura por sí sola no le dará el resultado deseado. Debe seguir activamente los consejos útiles y la guía de escucha activa y practicar conscientemente las habilidades sociales prácticas descritas, como utilizar el lenguaje corporal y crear contacto visual para superar el miedo y la ansiedad social.

Ha leído y seguido las directrices de este libro, ¡y ahora ya no tendrá que volver a temer las reuniones sociales!

Vea más libros escritos por Andy Gardner

Referencias

Frost, A. (2019, July 24). The ultimate guide to small talk: Conversation starters, powerful questions, & more. HubSpot. https://blog.hubspot.com/sales/small-talk-guide

Gregory, M. (2020, May 22). 10 chance meetings that changed the world. Mental Floss. https://www.mentalfloss.com/article/624374/chance-meetings-changed-world

Luda, Z. (2018, July 6). 5 Main principles of Small Talk. Language Learning with Preply Blog. https://preply.com/en/blog/5-main-principles-of-small-talk/

Sandstrom, G. M., & Dunn, E. W. (2014). Is efficiency overrated? Minimal social interactions lead to belonging and positive affect. Social Psychological and Personality Science, 5(4), 437–442. https://doi.org/10.1177/1948550613502990

Waber, B., Magnolfi, J., & Lindsay, G. (2014). Workspaces that move people. Harvard Business Review, 92(10), 68–77, 121. https://hbr.org/2014/10/workspaces-that-move-people

Wuench, J. (2021, June 21). Why small talk is anything but small. Forbes. https://www.forbes.com/sites/juliawuench/2021/06/21/why-small-talk-is-anything-but-small/?sh=37d1b97078b0

Cohen, L. (2017, November 15). Social anxiety and small talk: The nuts and bolts of making conversation. National Social Anxiety Center. https://nationalsocialanxietycenter.com/2017/11/15/social-anxiety-small-talk-nuts-bolts-making-conversation/

Denworth, L. (By Lydia Denworth on September 21, 2021). Making eye contact signals a new turn in a conversation. Scientific American.

https://www.scientificamerican.com/article/making-eye-contact-signals-a-new-turn-in-a-conversation/

Murphy, A. (2022, April 26). 20 ways to overcome low self-esteem in 2023. Declutter The Mind. https://declutterthemind.com/blog/how-to-overcome-low-self-esteem/

Okusaga, O. (2022, April 21). How to master small talk as an introvert. Introvertdear.com; Introvert, Dear. https://introvertdear.com/news/how-to-master-small-talk-as-an-introvert/

Social anxiety disorder: Symptoms, tests, causes & treatments. (n.d.). Cleveland Clinic. https://my.clevelandclinic.org/health/diseases/22709-social-anxiety

Social anxiety (social phobia). (n.d.). Nhs.uk. https://www.nhs.uk/mental-health/conditions/social-anxiety/

The basics: Anxiety. (2016, December 15).

Therapists, L. H. G. (2022, April 11). Tips for small talk when you have social anxiety. Sacramento Relationship Therapy | Midtown Therapists| Love Heal Grow Counseling; Love Heal Grow Counseling. https://www.lovehealgrow.com/tips-small-talk-social-anxiety/

Ultimate guide to social skills: The art of Talking to anyone. (2015, October 20). I Will Teach You To Be Rich. https://www.iwillteachyoutoberich.com/guides/ultimate-guide-to-social-skills/

Victor, K. (2017, November 29). Tips for how introverts can make small talk less painful. Linkedin.com. https://www.linkedin.com/pulse/tips-how-introverts-can-make-small-talk-less-painful-kristy-victor/

Website, N. H. S. (n.d.). Raising low self-esteem. Nhs.uk. https://www.nhs.uk/mental-health/self-help/tips-and-support/raise-low-self-esteem/

(N.d.). Blinkist.com. https://www.blinkist.com/magazine/posts/how-to-improve-social-skills

Cuncic, A. (2007, December 9). How to socialize when you have social anxiety disorder. Verywell Mind. https://www.verywellmind.com/talk-people-social-anxiety-disorder-3024390

Macapinlac, M. (2021, December 24). How to make small talk for introverts. Social Confidence Mastery. https://socialconfidencemastery.com/small-talk-for-introverts/

Okusaga, O. (2022, April 21). How to master small talk as an introvert. Introvertdear.com; Introvert, Dear. https://introvertdear.com/news/how-to-master-small-talk-as-an-introvert/

Park, C. (2015, March 30). An introvert's guide to small talk: Eight painless tips. Forbes. https://www.forbes.com/sites/christinapark/2015/03/30/an-introverts-guide-to-small-talk-eight-painless-tips/?sh=57177f5a574a

Venable, M. (2022, May 9). Back to life, back to reality: How to master the art of small talk (in case you forgot). Shondaland. https://www.shondaland.com/live/family/a39929200/how-to-master-the-art-of-small-talk/

Waters, S. (n.d.-a). 8 types of nonverbal communication that can help to improve your speech. Betterup.com. https://www.betterup.com/blog/types-of-nonverbal-communication

Waters, S. (n.d.-b). How to carry a conversation – the art of making connections. Betterup.com. https://www.betterup.com/blog/how-to-carry-a-conversation

Cherry, K. (2019, January 28). 8 Tips for Starting a Conversation. Verywell Mind. https://www.verywellmind.com/how-to-start-a-conversation-4582339

Cuncic, A. (2010, August 5). Small Talk Topics. Verywell Mind. https://www.verywellmind.com/small-talk-topics-3024421

Frost, A. (2019, July 24). The ultimate guide to small talk: Conversation starters, powerful questions, & more. HubSpot. https://blog.hubspot.com/sales/small-talk-guide

Kim. (2020, July 15). Small talk topics and questions ▽ keep the conversation going in English. English with Kim. https://englishwithkim.com/small-talk-topics-questions/

Parr, M. (2020, May 26). 10 best small talk topics & conversation starters (+ examples). Language Learning with Preply Blog. https://preply.com/en/blog/small-talk-topics/

(N.d.). Indeed.com. https://ca.indeed.com/career-advice/career-development/small-talk-topics

Cuncic, A. (2010, August 5). Small Talk Topics. Verywell Mind. https://www.verywellmind.com/small-talk-topics-3024421

Topics to avoid in English small talk. (2015, February 15). EF English Live. https://englishlive.ef.com/blog/english-in-the-real-world/topics-avoid-english-small-talk/

(N.d.-c). Inc.com https://www.inc.com/laura-garnett/if-you-hate-small-talk-use-these-20-questions-as-a-conversation-starter-instead.html

Marr, B. (2014, October 27). How to start a conversation with absolutely anyone. Linkedin.com. https://www.linkedin.com/pulse/20141027073838-64875646-how-to-start-a-conversation-with-absolutely-anyone

Perry, E. (n.d.). How to start conversations with strangers: Befriending everyone. Betterup.com. https://www.betterup.com/blog/how-to-start-conversation-with-strangers

Waters, S. (n.d.). How to carry a conversation – the art of making connections. Betterup.com. https://www.betterup.com/blog/how-to-carry-a-conversation?hsLang=en

(N.d.-a). Inc.com. https://www.inc.com/minda-zetlin/10-foolproof-ways-to-start-a-conversation-with-absolutely-anyone.html

(N.d.-b). Indeed.com. https://www.indeed.com/career-advice/career-development/how-to-start-conversation-with-strangers

"11 Foolproof Ways to Start a Conversation With Absolutely Anyone" https://incafrica.com/library/minda-zetlin-10-foolproof-ways-to-start-a-conversation-with-absolutely-anyone

"48 Questions That'll Make Small Talk Easier | The Muse" https://www.themuse.com/amp/advice/48-questions-thatll-make-awkward-small-talk-so-much-easier

"Master Small Talk With These 10 Tips (with Examples) | SuaveWay" https://suaveway.com/blog/master-small-talk/

Bradberry, T. (2019, June 18). 8 great tricks for reading people's body language. Linkedin.com. https://www.linkedin.com/pulse/8-great-tricks-reading-peoples-body-language-dr-travis-bradberry

Fontanella, C. (2022, May 9). 13 body language tips that can make or break your customer service. HubSpot. https://blog.hubspot.com/service/body-language-in-customer-service

Herz, S. (2020, July 16). 10 quick body language hacks from Steve Jobs – and a surgeon – to boost likability and trust. CNBC. https://www.cnbc.com/2020/07/16/steve-jobs-surgeon-body-language-hacks-to-make-you-more-likable-respected-trustworthy.html

Stenstrom, J. (2015, May 22). 11 body language tricks to make you successful in life. Lifehack. https://www.lifehack.org/articles/communication/11-body-language-tricks-make-you-successful-life.html

Thair, R. (2022, August 11). 5 body language hacks to boost your communication. Happiful Magazine. 5 body language hacks to boost your communication (happiful.com)

(N.d.). Inc.com. https://www.inc.com/melanie-curtin/7-body-language-hacks-that-immediately-make-you-more-likable.html

Cooks-Campbell, A. (n.d.). How to improve social skills: 10 tips to be more social. Betterup.com. https://www.betterup.com/blog/how-to-improve-social-skills

Gunnarson, V. (2015, July 10). 10 small talk tips that'll make you forget you ever had to rely on "so, how about that weather?" The Muse. https://www.themuse.com/advice/10-small-talk-tips-thatll-make-you-forget-you-ever-had-to-rely-on-so-how-about-that-weather

Lamothe, C. (2019, July 15). 10 ways to be more social, even if you're an introvert. Healthline. https://www.healthline.com/health/how-to-be-more-social

Morin, A. (2013, December 31). 12 ways to improve social skills and make you sociable anytime - Amy Morin, LCSW. Amy Morin, LCSW. https://amymorinlcsw.com/12-ways-to-improve-social-skills-and-make-you-sociable-anytime/

(N.d.). Indeed.com. https://www.indeed.com/career-advice/career-development/measure-progress

Cherry, K. (2017, July 27). Understanding body language and facial expressions. Verywell Mind. How to Understand Body Language and Facial Expressions (verywellmind.com)

9 7 9 8 8 8 2 6 4 6 4 1 6